省级职业教育专业教学资源库项目配套教材
全国海丝跨境物流行业产教融合共同体“职教出海”项目教材

智慧仓配运营

主　编：贾铁刚
副主编：王　伟　周　强　龙　雨
参　编：罗宁致　杨凯伦　康荣彬
主　审：陈雄寅

中国财富出版社有限公司

图书在版编目（CIP）数据

智慧仓配运营/贾铁刚主编．--北京：中国财富出版社有限公司，2024.12.

ISBN 978-7-5047-8408-7

Ⅰ.F25-39

中国国家版本馆 CIP 数据核字第 2025LV7859 号

策划编辑	黄正丽	**责任编辑**	贾浩然　郑泽叶	**版权编辑**	武　玥
责任印制	荀　宁	**责任校对**	杨小静	**责任发行**	敬　东

出版发行	中国财富出版社有限公司		
社　　址	北京市丰台区南四环西路 188 号 5 区 20 楼	**邮政编码**	100070
电　　话	010-52227588 转 2098（发行部）		010-52227588 转 321（总编室）
	010-52227566（24 小时读者服务）		010-52227588 转 305（质检部）
网　　址	http://www.cfpress.com.cn	**排　　版**	义春秋
经　　销	新华书店	**印　　刷**	北京九州迅驰传媒文化有限公司
书　　号	ISBN 978-7-5047-8408-7/F·3783		
开　　本	787mm×1092mm　1/16	**版　　次**	2025 年 1 月第 1 版
印　　张	10.75	**印　　次**	2025 年 1 月第 1 次印刷
字　　数	255 千字	**定　　价**	54.80 元

前 言

在大数据、云计算、物联网等新兴技术的支持下，智慧化、数字化、可视化的物流成为物流行业转型升级的重要力量和未来趋势。仓配（仓储与配送）作为物流活动的关键环节，肩负着调节货物运输能力、配送与流通加工、储存与保管及调节供需平衡的任务，正逐步向自动化、智能化演进。“智慧仓配运营”已被纳入教育部《职业教育专业简介（2022 年修订）》，成为中、高职物流类专业核心课程之一。该课程不仅为学生提供智慧仓配运营的知识，还致力于培养学生的实操技能。此外，课程着重于提升学生的沟通协调、团队合作、自主学习和创新思维等职业关键能力，更为关键的是，旨在培养学生爱岗敬业、诚实守信、一丝不苟的职业操守。

本书的编写紧跟时代步伐，将党的路线、方针、政策融入编写理念。在编写过程中，我们始终以党的二十大报告中提出的“实施科教兴国战略，强化现代化建设人才支撑”思想为指导，根据智慧仓储配送职业岗位实际工作的要求，以工作任务为核心，以智慧仓储配送业务流程为主线，围绕岗位职业能力设置能力模块。全书分为“认知篇”和“实施篇”。“认知篇”包括三个项目，分别是智慧仓配运营认知、智慧仓配设备认知、智慧配送中心认知；“实施篇”包括四个项目，分别是入库作业、在库作业、出库作业、配送作业。本书基于“任务驱动式”的编写形式，通过“任务描述—知识链接—任务实施—任务评价”完成驱动式课程体系设置，强调“知行合一”。全书重视学生职业精神、工匠精神的培养，旨在实现培养学生成为德智体美劳全面发展的社会主义建设者和接班人的目标。

本书的主要特点如下。

（1）立德树人，课程思政。本书将社会主义核心价值观和物流工匠精神融入教学内容，在“润物细无声”中培养学生认真严谨、精益求精的职业精神，较好地体现课程思政。

（2）岗课赛证，书证融通。探索实施 1+X 证书制度，是国务院于 2019 年发布的《国家职业教育改革实施方案》中的重要改革部署。本书积极响应国家职业教育改革的部署，致力于服务1+X证书制度，把学历证书与职业技能等级证书结合起来，是书证融通的职业教育教材。

(3) 岗位导向，任务驱动。本书基于任务和工作流程进行编写，将物流行业相关岗位的工作任务转化为教学任务，实现“岗位导向，任务驱动”，体现“工学结合，理实一体”。

(4) 三个对接，三个融合。本书实现了“三个对接”，分别是课程体系与岗位需求的对接、学习内容与工作内容的对接、校内教学资源与企业培训资源的对接。同时，该书较好地体现了“三个融合”，即职业教育与思政教育、情感教育、职业生涯规划教育的融合。

(5) 突出典型，注重实务。本书在编写过程中遵循“突出典型，注重实务”的原则，有利于培养物流行业的实用型技能人才和管理人才。

(6) 内容精当，资源丰富。本书是职业教育精品在线开放课程新形态一体化教材，教学内容安排精当，行文简明，深入浅出。本书通过二维码拓展了教学资源，丰富了教学内容。此外，还配套有教学课件、习题（包含参考答案）、教学设计方案、互动练习游戏、微课等数字资源和精品在线开放课程，以及拓展资源，如拓展阅读材料、视频、图片等，教学资源丰富，可视、可听、可互动，读者可扫描二维码或登录中国财富出版社官网（www.cfpress.com.cn）观看、获取。

(7) 丰富生动，图文并茂。本书以图文并茂的形式展示内容，直观形象地介绍相关知识点和技能点，不仅可以作为职业院校物流专业课程教材，也适合作为仓配运营专项能力考试培训用书。

本书由贾铁刚担任主编，陈雄寅担任主审，王伟、周强、龙雨担任副主编，罗宁致、杨凯伦、康荣彬参与编写，教材编写成员涵盖来自知名物流企业的高级物流工程师，形成了优势互补、专兼结合的模块化编写团队。我们在编写过程中参考了大量的文献资料，借鉴和吸收了国内外众多学者的研究成果，在此对相关文献的作者表示诚挚的感谢。

由于编写水平有限，书中难免有疏漏之处，敬请广大读者提出宝贵意见并反馈给我们。

编　者

目 录

模块一　认知篇

模块二　实施篇

模块一
认知篇

项目一 智慧仓配运营认知

学习目标

◎知识目标

（1）理解仓储概念，包括传统仓储定义及智慧仓储特点。

（2）掌握仓储功能，如货物保管、运输衔接和客户服务等方面的具体功能。

（3）熟悉仓储按不同标准划分的类型。

（4）了解智慧仓储标准化、智能化、管理科学化的发展趋势。

※能力目标

（1）能够运用仓储概念、功能、类型知识，分析不同仓储场景和实际问题，如判断仓库类型、解决物流常见问题等。

（2）能够高效地从资料中提炼仓储关键信息，系统归纳总结，清晰阐述智慧仓储发展趋势。

❖思政目标

（1）培养学生的创新意识和创新精神，鼓励学生勇于探索和尝试新的智慧仓配运营模式和技术应用，为推动行业的发展贡献力量。

（2）强化学生的职业道德和社会责任感，使学生在智慧仓配运营中坚守诚信原则，保障货物安全、准确、及时地交付，维护消费者权益。

（3）引导学生树立正确的价值观和劳动观，让学生明白劳动创造价值，尊重每一个在仓配环节中辛勤工作的劳动者。

知识图谱

- 智慧仓配运营认知
  - 智慧仓储认知
    - 仓储的概念
    - 仓储的功能
    - 仓储的类型
    - 智慧仓储的发展趋势
  - 智慧配送认知
    - 配送的概念及特点
    - 配送的分类
    - 智慧配送的发展趋势

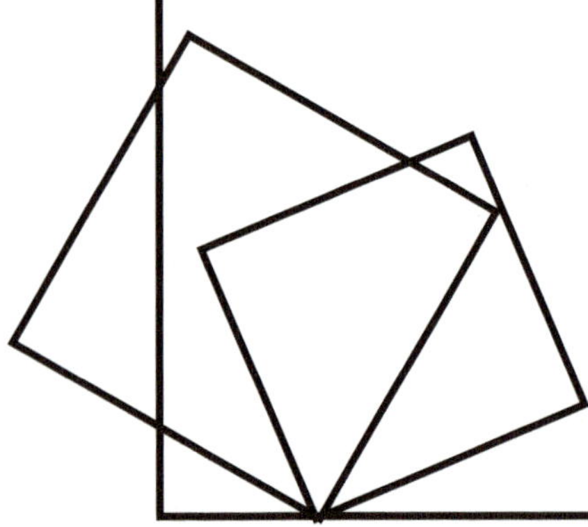

岗位分析

岗位1：自动化仓储管理员

岗位职责：负责自动化仓储系统的管理和维护，包括货物入库、出库、库存管理等作业。

典型工作任务：负责自动化仓库内货物的入库、出库、移库、盘点等系统和设备操作，确保货物的数量准确、位置正确，以及库存信息的实时更新；定期对自动化仓库设备进行维护和保养；对运行数据进行分析和挖掘，优化仓库作业流程，提高作业效率。

职业素质：专业知识、操作技术、团队协作、责任心和细心、数据分析、持续学习和创新。

职业能力：仓储管理能力、系统操作能力、设备维护能力、数据分析能力。

可持续发展能力：学习新技术、提高综合素质、持续学习、创新思维。

岗位2：自动化配送管理员

岗位职责：负责配送系统监控与管理，以及配送任务规划与调度、设备维护与管理、库存管理与协调。

典型工作任务：处理每日配送订单，安排自动化设备进行货物拣选和包装；优化配送路线，减少运输时间和成本；监控自动化配送设备的运行状态，及时解决故障；分析配送数据，制定改进措施；参与新的自动化配送项目的实施和调试。

职业素质：责任心、团队协作、沟通协调、持续学习。

职业能力：技术能力、问题解决能力、数据分析能力、项目管理能力。

可持续发展能力：技术创新能力、职业规划能力、跨界融合能力。

项目导读

在当今数字化和智能化的时代背景下，智慧仓配运营已成为现代物流领域的关键组成部分。它融合了先进的技术和创新的管理理念，极大地提升了仓储与配送的效率和质量，为企业的发展和经济的增长提供了有力支撑。近年来，为推动智慧仓配行业的发展，我国出台了一系列利好政策，如《“十四五”现代物流发展规划》强调要推进物流智慧化改造，加快物联网相关设施建设，发展智慧物流枢纽、智慧物流园区、智慧仓储物流基地、智慧港口、数字仓库等新型物流基础设施，鼓励深度应用新一代信息技术，物流资源整合提质增速，仓储结构逐步优化。同时，各地也纷纷出台相关政策，对智慧仓配项目给予支持，为智慧仓配运营创造了良好的发展环境，也为企业在技术创新、设施建设、模式探索等方面提供了有力的政策引导和支持。

任务一 智慧仓储认知

任务描述

京东物流自营仓能力大升级，助力中小商家提质增效

休闲食品在满足消费者娱乐消遣需要的同时，也在电商行业的加持下迅速发展。近日，针对四川休闲食品行业发展需求，京东物流成都自营休闲零食仓围绕发货时效、履约时效、店铺物流评分进行三大能力升级，为传统全渠道商家及线上直播类电商商家提供仓配运一体化供应链服务，助力四川休闲食品行业良性发展。

学习资料

1. 发货慢、履约难、评分低休闲食品品牌发展考验物流水平

在休闲食品行业中，品牌间普遍存在的同质化竞争致使产品盈利空间有限，进而导致物流价格敏感；而从中小品牌成长角度来看，由于发货时效与履约时效等方面也没有保障，商家店铺在物流方面的评分受到影响，导致中小品牌难以实现快速增长和扩张，品牌民族化进程延缓。

2. 发货时效、履约时效、店铺物流评分三大能力提升

在发货时效保障方面，为入仓商家带来弹性产能保障，实现直播平台按时发货率达到99.5%以上。

在履约时效保障方面，为入仓商家提供快递优选服务，直播订单全国按时妥投率将达到97%以上。

在店铺物流评分提升方面，为入仓商家稳定履约保驾护航，帮助其直播平台物流评分稳定在4.8分以上。

3. 全渠道“一盘货”打造韧性供应链

在京东物流“一盘货”建议的帮助下，入仓商家不仅减少了一段仓与仓之间的长距离补货调拨成本，而且爆品专项价格带来的直播订单物流成本降低，进一步实现了各渠道库存统一调配和可视化便捷管理。自合作以来，某入仓商家从最初一场直播不足2000单，到现在一场直播突破3万单，抖音店铺评分也从不足4.6分稳定提升至4.8分。

任务要求：请以项目组为单位，认真阅读案例，分析京东物流是如何通过提升自营仓能力，助力中小商家提质增效的，完成“任务实施”中的问题。

知识链接

知识点 1：仓储的概念

国家标准《物流术语》（GB/T 18354—2021）对仓储的定义是：仓储（warehousing）是利用仓库及相关设施设备进行物品的入库、储存、出库的活动。其中“仓”也称为仓库（warehouse），为存放、保管、储存物品的建筑物和场地的总称，具有存放和保护物品的功能；“储”也称为（storing），表示将储存对象收存以备使用，具有收存、保护、管理、贮藏物品、交付使用的意思。

智慧仓储是指利用物联网、大数据、人工智能、自动化技术等先进手段，对仓储中的货物在存储、搬运和控制等环节进行智能化、自动化和信息化的管理。

知识点 2：仓储的功能

仓储活动随着物资储存的产生而产生，又随着生产力的发展而发展。仓储是商品流通的重要环节之一，也是物流活动的重要支柱之一。在社会分工和专业化生产的条件下，为保持社会再生产过程的顺利进行，必须储存一定数量的物资，科学合理地开展仓储活动，这是社会生产和消费的共同需求。

仓储扮演的主要角色和功能如表 1-1 所示。

表 1-1　仓储扮演的主要角色和功能

角色	主要功能
货物保管角色	保障货物安全存储
	保障生产和销售
运输衔接角色	协调货物装卸搬运
	规划运输工具与仓储对接
客户服务角色	售后服务
	定制个性化仓储

1. 货物保管角色

（1）保障货物安全存储：货物的安全存储是仓储的首要功能之一。这意味着要为货物提供适宜的环境条件，包括温度、湿度、通风等方面的控制。例如，对于易受潮的货物，需要仓库内保持较低的湿度；对于对温度敏感的货物，如食品、药品等，要配备冷藏或恒温设备。

（2）保障生产和销售：仓储在保障生产方面起着重要作用，它可以为生产过程提供稳定的原材料供应，避免原材料短缺导致生产中断，并确保原材料的质量和规格符合生产要求。对于销售而言，仓储能够确保库存以满足客户需求，及时响应订单。

2. 运输衔接角色

（1）协调货物装卸搬运：在仓储中，协调装卸搬运需综合考虑多种因素。根据货物特性选设备工具，安排人员任务和流程，与运输部门配合，依计划进行调度，注重安全并制定规程，监督评估以优化流程，提高效率。

（2）规划运输工具与仓储对接：了解运输工具和仓储设施参数，依运输计划和货物特性安排到达时间与停靠位置，考虑装卸方式与设备匹配，制定应急预案应对突发情况等。

3. 客户服务角色

（1）售后服务：及时处理投诉反馈，解决货物损失赔偿，协助解决物流问题，以增强信任、建立长期合作。

（2）定制个性化仓储：根据客户业务与特殊需求提供增值服务，如针对不同货物提供特定存储环境和管理措施等。

知识点3：仓储的类型

根据不同的划分标准，仓储可分为不同的类型。

图1－1　某数码产品仓库

图1－2　危险品仓储

1. 按仓储经营主体划分

（1）企业自营仓储：包括生产企业和流通企业的自营仓储。生产企业自营仓储是指生产企业使用自有的仓库设备对生产产品的原材料、生产的中间产品和最终产品实施的仓储行为。

（2）营业仓储：营业仓储是指仓储经营人以其拥有的仓储设施，向社会提供商业性仓储服务的仓储行为。

（3）战略储备仓储：战略储备仓储是指国家根据国防安全、社会稳定的需要，实行战略物资储备而产生的仓储行为。

（4）公共仓储：公共仓储是公用事业的配套服务设施，为车站、码头等提供相应的仓储配套服务。

2. 按存储对象的性质划分

（1）普通物品仓储：为那些无须特定保管条件的物品提供仓储服务（见图1－1）。

（2）特殊物品仓储：为有特殊要求和特殊条件的物品提供仓储服务，如危险品仓储（见图1－2）、冷库仓储等。

3. 按仓储功能划分

（1）储存仓储：为存放很长时间的物品提供仓储服务。存储物品通常品种较少，但存量较大。

（2）配送仓储：又称配送中心仓储，是商品在交付用户之前所进行的短期仓储，是商品在销售或进行生产使用前的最后储存，并在该环节进行相应前期处理。

（3）物流中心仓储：以物流管理为目的的仓储活动，是为了实现有效物流管理，对物流的数量、过程、方向进行严格控制，是实现物流时间价值的环节。

（4）转换运输仓储：转换运输仓储是指衔接不同交通方式进行运输转换的仓储，一般设置在运输转换地（如港口、车站），是为了保证不同运输方式的高效衔接，减少运输途中的装卸和停留时间。

知识点 4：智慧仓储的发展趋势

随着科技的进步和生产力的发展，仓储的功能也由过去单纯的“储存、保管”功能向“分拣配货、流通加工、物流金融”等增值功能转变。特别是近 20 年，电商的飞速发展和人工智能技术、云技术、区块链、互联网+、物联网、大数据、5G（第五代移动通信技术）、复杂网络技术等技术的不断出现，颠覆了原有物流运作模式。“智慧仓储”“云仓储”“前置仓”“仓配一体化”“海外仓”等新名词层出不穷，给仓储这个传统的行业带来了新的挑战和机遇。极智嘉智慧仓储如图 1－3 所示。

智慧仓储未来的发展趋势主要体现在以下三个方面。

1. 仓储标准化

仓储标准化是物流标准化的重要组成部分。为了提高物流效率，保证物流的统一性与各物流环节的有关联系，并与国际接轨，必须制定物流标准。

2. 仓储智能化

仓储智能化主要包括仓储自动化和仓储信息化两个方面。

图 1－3　极智嘉智慧仓储

（1）仓储自动化是指借助机电设施、设备和管理软件对仓储作业进行自动化管理和控制。

（2）仓储信息化是指通过计算机、互联网系统和相关信息输入（输出）设备，对货物识别、理货、入库、保管、出库等作业进行操作管理，进行账目处理、货位管理、存量控制，制作各种报表和提供实时查询，与供应链上下游企业实现信息共享，减少库存，提高服务质量。

3. 仓储管理科学化

仓储管理科学化是指在仓储管理中采用合理、高效、先进的管理模式、管理理念及优化方法。

任务实施

阅读案例《京东物流自营仓能力大升级，助力中小商家提质增效》，回答以下问题：

1. 四川休闲食品行业存在哪些问题和困难？

____

____

____

2. 京东物流为何能改善四川休闲食品行业遇到的问题？

____

____

____

3. 京东物流的自营仓能力升级带来了哪些显著效果？

____

____

____

4. 谈谈你对全渠道“一盘货”的理解。

____

____

____

任务评价

在完成上述任务后，教师组织进行三方评价，并对学生任务执行情况进行点评，共同完成任务评价表的填写。

表 1－2　　任务评价表

班级		团队名称			学生姓名	
团队成员						
考评项目		分值	要求	学生自评（30%）	团队互评（30%）	教师评定（40%）
知识能力	对当前面临的问题分析准确	20 分	分析正确			
	对提供的解决方案分析准确	20 分	分析正确			
	对带来的显著效果分析准确	30 分	分析合理			
职业素养	文明礼仪	10 分	形象端庄 文明用语			
	团队协作	10 分	相互协作 互帮互助			
	工作态度	10 分	严谨认真			
成绩评定		100 分				
心得体会						

任务二　智慧配送认知

任务描述

仓配全程可视，京东物流为高端酒水保驾护航

与很多日常消费品不同，白酒具有易碎、易燃、液体、高值等产品特性，对于仓储、运输安全性的要求极高，极其考验物流服务商的仓配能力。而作为高品质物流的代表之一，京东物流正在成为很多高端酒企的指定物流服务商。

学习资料

1. 更安全：无死角监控，仓储保障全升级

为了全力保障产品保真性，京东物流升级仓库监控设施，并做到了全程溯源，让仓储安全无懈可击。

仓内不仅配备专业的作业人员、专业的仓储设备，还制定了专业的管理制度，实现了库内动线、存储位置无死角监控。

在产品存放方面，做到了从装卸到存储的独立封闭，防止信息泄露，同时还具有 2 小时防火功能；在预警方面，需进行人脸识别入库；在信号方面，确保电力稳定及信号稳定，为仓储安全加码。

2. 更透明：配送全程可视，运输安全有保障

在配送环节，凭借强大的一体化供应链能力，京东物流实现了订单、电子锁、司机和车辆的系统绑定，同时运输过程全程可视。

此外，运输过程中车辆可通过 GPS（全球定位系统）定位并实时可查；运输车辆是使用期限在 5 年内的封闭式车辆；运输人员无法中途打开车厢，只有到了电子围栏识别的送货地址，系统才会推送开锁密码；客户签收后，短信会直接发送给收货人；如司机违规及疲劳驾驶，即会触发预警功能，等等，一系列举措筑牢产品安全防线。

3. 更高效：专车配送、全程溯源，末端配送优势凸显

京东物流针对高端酒水中的畅销品类，除了打造“仓—干—配”物流履约一体化解决方案，即通过单独储位库存、全天监控、行业化定制包装、单独打包台等相关举措全方位保障货物安全，还在末端配送环节，通过专车配送、全程溯源来减少转运环节及操作节点，全面提升货物运转效率，同时还通过上门送货、当面验收等流程设置，最大限度提升消费者的购物体验。

4. 更放心：B2B（商对商）仓配业务持续升级，与多家头部酒企加强合作

京东物流打造的物流履约一体化解决方案，通过配送全程可视化解决方案（同城配）、行业专项高端酒水仓储服务、仓配一体服务的深入推进，为客户提供了放心、安心的合作体验。

基于此，与多家头部酒企深度合作全国分仓业务，从自营车可视化城配业务，逐步延伸到 CDC（中央配送中心）、RDC（区域配送中心）、运、配、电商平台等多业务场景，仓储网络布局华北、华东、华南、西北、东北、西南等区域，满足了不同场景下的配送需求。

任务要求：请以项目组为单位，认真阅读案例，分析京东物流是如何为高端酒水保驾护航的，完成“任务实施”中的问题。

知识链接

知识点 1：配送的概念及特点

1. 配送

国家标准《物流术语》（GB/T 18354—2021）对配送的定义是：根据客户要求，对物品进行分类、拣选、集货、包装、组配等作业，并按时送达指定地点的物流活动。

“配”是对货物进行集中、分拣和组配，其核心是一项组合工作；“送”是以合适的方

式将货物送至指定地点或用户手中。配送具有以下几个特点。

（1）配送是一项经济性的活动。它是在经济成本可控制的区域内所进行的活动，在这个活动中遵循成本效益的原则。

（2）配送是一项有计划、有组织的活动。配送是由配送人根据自身的条件和能力，通过一定的管理组织和决策层次、执行部门，遵循企业经营和配送业务的基本规律所开展的经营活动。

（3）配送是一种用户驱动性的活动。具有服务性质的配送活动，是根据用户的需求开展的。

（4）配送是“配”和“送”的有机结合。

2. 智慧配送

智慧配送是一种将物联网、传感网与现有的互联网整合起来，通过精细、动态、科学的管理，实现配送的自动化、可视化、可控化、智能化、网络化，从而提高配送效率和服务质量的物流配送模式。其特点包括以下几点。

（1）信息化与智能化：利用先进的信息技术，如射频识别（RFID）、传感器、移动通信、人工智能等，实现对配送货物的实时跟踪、信息采集与分析，以及配送路径的智能规划等。

（2）自动化作业：借助自动化设备和技术，减少人工干预，提高配送的准确性和效率。例如，使用无人机、机器人等进行货物的投递。

（3）可视化管理：通过信息系统，实时监控配送过程，使相关人员能够清晰地了解货物的位置、状态等信息。

（4）可控化操作：能够对配送过程中的各个环节进行有效控制和管理，及时发现并解决问题。

（5）网络化协同：整合物流资源，实现配送企业、供应商、客户等多方之间的信息共享和协同作业。

如图 1－4 所示的菜鸟智能运力平台，汇集了智能订单分配、智能路径规划、需求预测、订单总量、运力总量等功能，让配送更加高质、高效。

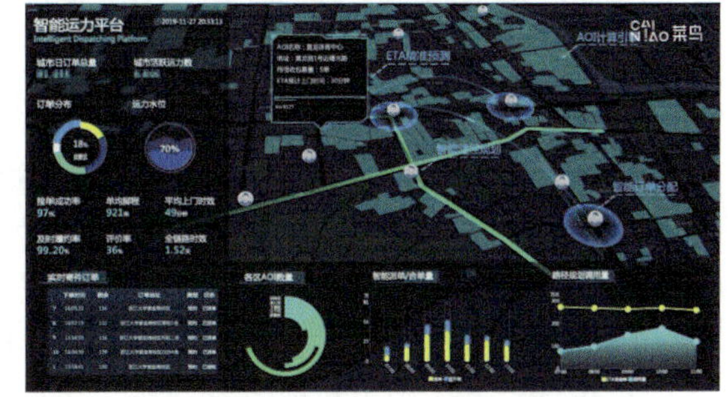

图 1－4　菜鸟智能运力平台

知识点 2：配送的分类

1. 按配送商品的种类和数量划分

（1）少品种、大批量配送。

特点：适用于需求量大、标准化程度高的商品，如煤炭、粮食等大宗物资。

适用场景：主要面向生产企业或大型零售商，满足其大批量、标准化的物资需求。

（2）多品种、少批量配送。

特点：按照用户的需要，将所需的各种货物配备齐整后，由配送地送达目的地。

适用场景：广泛应用于零售、电商等领域，满足消费者对多样化、个性化商品的需求。

2. 按配送时间及数量划分

（1）定时配送。

特点：按规定的时间间隔进行配送，配送时间由配送的供给与需求双方通过协议确认。

适用场景：适用于需求量稳定、配送时间固定的客户，如超市、便利店等零售终端。

（2）定量配送。

特点：按事先协议规定的数量进行配送，不严格确定时间，只规定在一个指定的时间范围内配送。

适用场景：适用于需求量稳定、对时间要求不高的客户，如某些生产企业的原材料供应。

（3）定时定量配送。

特点：按照规定的配送时间和配送数量进行配送，兼有定时、定量两种方式的优点。

适用场景：如像医院、学校一样需要定时定量配送药品、教材等商品的单位。

（4）即时配送。

特点：不预先确定配送数量、时间和路线，而是按用户要求的时间、数量进行配送。

适用场景：适用于紧急订单、生鲜食品等需要快速响应的配送需求。

3. 按配送组织形式划分

（1）集中配送。

特点：由专门的配送中心统一组织货源，对多个用户进行共同配送。

适用场景：适用于地理位置相对集中、需求量较大的客户群体。

（2）共同配送。

特点：多个企业联合起来共同组织配送活动，共享资源、降低成本。

适用场景：适用于中小企业或同一区域的商家，商家之间通过合作实现共赢。

（3）分散配送。

特点：由多个仓库或配送点分别向各自的用户进行配送。

适用场景：适用于地理位置分散、需求量差异大的客户群体。

知识点 3：智慧配送的发展趋势

智慧配送发展呈现出智能化提升、模式多样、绿色发展、个性化服务、效率提高、无人配送兴起的趋势。目前发展出的新模式主要有即时配送模式和无人配送模式。

1. 即时配送模式

即时配送，是指依托于本地生活服务平台，运用数字技术和人力众包等社会物流资源，为外卖餐饮、即时购物及应急需求等线上消费活动，提供点对点、无中转、即需即送的快捷配送服务。

以外卖餐饮为例，在即时配送的流程中，用户点餐订单可直接推到系统；订单信息通过系统直接推送给指定的本地第三方配送团队；团队接单后，由后台调度系统派单并规划最佳路线，送餐员前往商户取餐；最后完成商品的物理转移，从而完成线上到线下的O2O（线上到线下）闭环。

2. 无人配送模式

无人配送是指在无须人类主动操作的情况下，通过无人配送车、无人机等运载工具，实现自动、安全行驶，进行商超配送、外卖配送、快递配送等工作的一种物流方式。无人配送的优势包括：提高配送效率，尤其是在交通拥堵或特定场景下可快速将物品送达；节省人力成本；可实现无接触配送，在一些特殊时期或场景中具有优势。

（1）无人配送车：京东物流智能快递车（见图 1－5）具备自动驾驶能力，能实现在无视距安全员的条件下，在开放道路上自主运行，并依据不同场景类型与作业模式，完成履约配送工作。

（2）无人机：顺丰方舟 150 无人机（见图 1－6）兼具强大运载能力、高可靠性与安全性，50kg 大载重，巡航速度 72km/h，具备吊运与抛投等能力，折叠设计，方便收纳与运输，模块化设计，易于维护，培训简单。目前顺丰无人机已应用在智慧城市、应急救援、医疗运输、电力维修、安防巡查等多个领域。

图 1－5　京东物流智能快递车

图 1－6　顺丰方舟 150 无人机

任务实施

阅读案例《仓配全程可视，京东物流为高端酒水保驾护航》，回答以下问题：

1. 高端酒水有哪些特性，为什么需要配套高品质物流服务？

______

______

______

2. 京东物流的智慧化主要体现在哪些方面？

____

____

____

3. 京东物流在酒水物流领域中的优势有哪些？

____

____

____

任务评价

在完成上述任务后，教师组织进行三方评价，并对学生任务执行情况进行点评，共同完成任务评价表的填写。

表 1-3　　任务评价表

班级		团队名称		学生姓名	
团队成员					
考评项目		分值	要求	学生自评（30%）	团队互评（30%）	教师评定（40%）
知识能力	对酒水的特性分析准确	20 分	分析正确			
	对京东物流的智慧化要点分析准确	20 分	分析正确			
	对京东物流的优势分析准确	30 分	分析合理			
职业素养	文明礼仪	10 分	形象端庄 文明用语			
	团队协作	10 分	相互协作 互帮互助			
	工作态度	10 分	严谨认真			
成绩评定		100 分				
心得体会						

1. 单项选择题

(1) 以下哪项不属于智慧仓配的特点？(　　)

A. 自动化作业　　B. 人工干预为主　　C. 智能化决策　　D. 可视化管理

(2) 智慧仓配运营的关键在于（　　）。

A. 降低成本　　B. 提高效率　　C. 保证质量　　D. 以上皆是

(3) 智慧仓配的发展趋势不包括（　　）。

A. 完全无人化　　B. 绿色环保

C. 全球化协同　　D. 与其他产业深度融合

2. 多项选择题

(1) 以下哪些是推动智慧仓配发展的因素？(　　)

A. 消费者对物流速度和服务质量的要求提高　　B. 国家政策支持

C. 技术进步　　D. 企业降低成本的需求

(2) 智慧仓配运营中，可能面临的挑战有（　　）。

A. 技术投入成本高　　B. 数据安全和隐私问题

C. 法规政策不完善　　D. 系统集成和维护复杂

(3) 智慧配送的发展趋势包括（　　）。

A. 绿色环保　　B. 高成本的替代人工

C. 个性化服务　　D. 与制造业深度融合

3. 判断题

(1) 智慧仓配的合理运用可以有效降低物流成本。(　　)

(2) 所有商品都适合采用智慧仓配模式。(　　)

(3) 智慧仓配运营中，仓储和配送是两个独立的环节，互不干扰。(　　)

(4) 配送是根据客户要求，对物品进行分类、拣选、集货、包装、组配等作业，并按时送达指定地点的物流活动。(　　)

(5) 仓储是利用仓库及相关设施设备进行物品的入库、储存、出库的活动。(　　)

4. 案例分析题

案例背景：某大型电商企业，在激烈的市场竞争中，致力于打造先进的智慧仓配体系。

在仓储环节，企业建设了大规模的自动化立体仓库。仓库内部配备了高度智能的堆垛机，能够快速准确地将货物存放到指定位置，并且可以在极短的时间内取出。穿梭车在货架之间灵活穿梭，实现货物的高效搬运。同时，仓库内安装了大量传感器和监控设备，实时采集货物的位置、状态等信息。通过这些智能设备和系统，仓库的空间利用率大幅提高，货物的存储和检索效率相比传统方式提升了数倍。

在库存管理方面，企业利用大数据和人工智能技术进行深度分析。他们整合了历年的销售数据、市场趋势、季节因素、促销活动等多维度信息，构建了精准的需求预测模型。基于这些预测，企业能够提前调整库存策略，将预期需求量大的热门商品预先调配至靠近消费者的区域仓库，确保在消费者下单后能够以最快的速度发货。此外，通过实时监控库存水平，企业能够实现库存的动态平衡，避免了积压和缺货的情况发生。

在配送环节，企业自主研发了智能调度系统。该系统能够综合考虑实时交通状况、订单的紧急程度、配送员的位置和任务负载等多种因素，为每一个订单规划出最佳的配送路线。同时，为了应对一些特殊场景和提高配送效率，企业还积极探索新技术的应用。在偏远地区或交通拥堵区域的地区，他们启用了无人机进行货物配送，无人机能够快速穿越复杂地形，不受道路状况的限制；在城市中心，无人车则承担了部分近距离配送任务，其能够按照预设路线准确行驶，并且与交通信号系统实现智能交互，提高了配送的安全性和及时性。

此外，企业还非常注重与供应商的协同合作。通过建立电子数据交换（EDI）系统，实现了与供应商之间的信息实时共享。供应商可以根据企业的库存情况和销售预测，及时调整生产和供货计划，确保供应链的顺畅运行。

结合案例背景完成以下任务：

1. 请分析该电商企业的智慧仓配体系为其带来了哪些竞争优势？
2. 讨论在实施智慧仓配过程中，该企业可能面临的技术挑战和解决方案。
3. 预测未来 5 年，该企业的智慧仓配体系可能会有哪些新的发展和创新？
4. 假设你是一家小型电商企业的负责人，从这个案例中能得到哪些启示和借鉴？

项目二 智慧仓配设备认知

学习目标

◎知识目标

（1）掌握智慧仓配设备的基本概念、分类及其在现代物流体系中的作用。

（2）理解智慧仓配设备的技术原理，包括自动化技术、信息技术、物联网技术等在仓配管理中的应用。

（3）熟悉智慧仓配设备的前沿发展趋势及对仓配行业的影响，如人工智能、大数据、机器人技术等。

※能力目标

（1）能够分析不同场景下智慧仓配设备的应用需求，提出合理的设备配置方案。

（2）具备操作和维护智慧仓配设备的基本技能，包括设备的日常运行、故障排查等。

（3）能够利用智慧仓配设备进行库存管理、订单处理等实际操作，提高物流运作效率。

❖思政目标

（1）培养学生的国家意识和民族自豪感，认识到智慧仓配设备的发展对于国家经济建设和国防安全的重要意义。

（2）强化学生的社会责任感和职业道德，倡导绿色、智能、高效的物流理念，推动行业的可持续发展。

（3）引导学生树立正确的科技观和创新意识，鼓励他们在智慧仓配设备领域进行探索和创新，为国家物流行业的转型升级贡献力量。

知识图谱

- 智慧仓配设备认知
  - 智能仓储设备
    - 智能仓储设备定义
    - 智能仓储设备的种类
    - 主要智能仓储设备介绍
  - 智能分拣与包装设备
    - 智能分拣与包装设备的概念
    - 智能分拣与包装设备的种类
    - 主要智能分拣与包装设备介绍

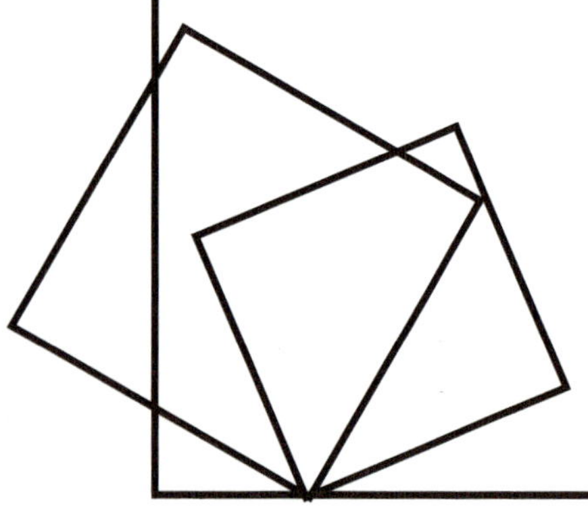

岗位分析

岗位1：装卸搬运机器人操作员

岗位职责：负责操作装卸搬运机器人，完成货物搬运、堆垛、拆码垛等作业。

典型工作任务：操作装卸搬运机器人，按照预设的程序和路径进行货物的搬运、堆垛、拆码垛等作业；定期维护和保养；处理故障和问题。

职业素质：责任心、细心、耐心。

职业能力：操作能力、故障排查能力、团队协作能力。

可持续发展能力：技术更新、综合素质、职业规划。

岗位2：运维工程师

岗位职责：负责自动化立体库或无人仓系统的运行、维护和故障排查，确保系统的稳定性，解决运行中出现的各种技术问题，以及定期进行系统升级和优化。

典型工作任务：实时监控自动化系统运行状态，确保稳定高效；快速诊断故障，并有效排除；收集、分析运行数据，发现潜在问题并提出优化建议；对系统进行升级改造，提升性能；确保网络数据安全，防止未经授权访问和数据泄露等情况发生。

职业素质：责任心、团队协作、沟通协调、持续学习。

职业能力：技术能力、问题解决能力、数据分析处理能力、项目管理能力。

可持续发展能力：技术创新能力、职业规划能力、跨界融合能力。

岗位3：数据分析师

岗位职责：负责收集和分析自动化立体库或无人仓的运行数据，通过对数据的挖掘和分析，优化设备的运行效率和作业流程，提高仓储的整体性能。

典型工作任务：从传感器、设备、系统日志等收集数据，并进行清洗、整合，确保数据的准确性；运用统计学、机器学习、数据挖掘等方法对仓储数据进行分析建模，优化仓配运营；将数据进行可视化展示，撰写分析报告，提出仓储系统、流程或设备的优化建议，辅助决策。

职业素质：逻辑思维、数据敏感、团队合作、持续学习。

职业能力：数据分析处理能力、可视化工具使用能力、问题解决能力。

可持续发展能力：技术更新能力、创新能力、自我管理能力、团队协作能力。

岗位4：自动化设备操作员

岗位职责：负责操作无人仓内的自动化设备，如AGV（自动导向车）、自动化货架、机器人等，熟悉设备的操作流程，确保设备能够准确、高效地完成任务。

典型工作任务：负责自动化设备的日常操作，包括启动、停止、调整参数等，确保设备正常运行和维保；实时监控设备的运行，及时处理故障或异常，并协助技术人员排除复杂故障；负责库内物品的存储和摆放，确保安全有序；定期进行库存盘点，确保准确；记录设备运行数据、故障信息等，形成报告，辅助决策。

职业素质：责任心、细致细心、团队协作、持续学习。

职业能力：设备操作能力、故障排除能力、库存管理能力、数据分析处理能力。

可持续发展能力：技术更新能力、创新能力、自我管理能力、团队协作能力。

项目导读

近年来，为了推动智能仓储行业的发展，我国发布了一系列相关政策和规划。其中，最具代表性的有2022年发布的《“十四五”现代物流发展规划》。该规划强调了推进物流智慧化改造，鼓励深度应用第五代移动通信（5G）、北斗、移动互联网、大数据、人工智能等技术，分类推动物流基础设施改造升级，加快物联网相关设施建设，发展智慧物流枢纽、智慧物流园区、智慧仓储物流基地、智慧港口、数字仓库等新型物流基础设施。

此外，从我国国民经济“十五”规划至“十四五”规划，国家对智能仓储行业的支持政策也经历了从引导传统仓储采用现代技术装备，到通过信息技术优化物流资源配置和仓储配送管理，再到加快智慧仓储物流基地的建设的变化。

这些政策和规划都体现了国家对智能仓储行业的高度重视和大力支持，旨在推动行业的技术创新和转型升级，提高物流效率和降低物流成本，促进经济的高质量发展。

总的来说，国家对于智能仓储的发展给予了充分的政策支持和引导，为行业的快速发展提供了有力保障。

任务一 智能仓储设备

任务描述

中储智运潜心研发智能仓储设备

中储智运，即中储南京智慧物流科技有限公司，作为中储物流旗下的物流公司，一直在积极探索和推进智慧物流的发展。自2000年起，累计投入50亿元研发智能仓储设备，分别在上海、广州等地建立了多个无人仓，通

学习资料

过引入自动化货架、机器人搬运系统、智能分拣系统等设备和技术，实现了从入库、存储到出库、分拣等全流程的自动化和智能化。此外，中储智运于 2010 年起，历时 5 年，研发了 Z 系列物流机器人，包括 Z1.0、Z1.0 Plus、Z2.0 等多种型号，适用于不同场景下的物流配送；于 2015 年研发了智能分拣系统，通过引入人工智能和机器视觉技术，实现了对包裹的快速、准确分拣；于 2017 年推出了无人配送车，通过引入自动驾驶技术和人工智能技术，实现了无人配送的自动化和智能化。

通过引入先进的技术和智能化设备，中储智运不断提升物流效率和服务质量，为客户提供更加快速、准确、便捷的物流服务。

任务要求：请以项目组为单位，认真阅读案例，分别从无人仓、物流机器人、智能分拣系统、无人配送车等方面对中储智运潜心研发智能仓储设备进行分析，完成“任务实施”中的问题。

知识链接

知识点 1：智能仓储设备定义

智能仓储设备是指应用先进的物联网、人工智能、大数据等技术，实现仓库管理及物流运作自动化、信息化、智能化的设备。随着人工智能技术的发展，智能仓储设备也在向更加智能化、自动化的方向发展。例如，智能机器人可以通过学习和优化算法，实现自主导航、自主搬运、自主充电等功能，进一步提高物流运作的自动化和智能化水平。AGV（自动导向车）如图 2－1 所示。

知识点 2：智能仓储设备的种类

智能仓储设备的种类很多，主要包括智能立体仓库、智能立体货柜、智能货架、堆垛机、AGV、智能桁架机器人等。这些设备可以根据不同的应用场景和需求进行选择和配置，实现个性化的仓储和物流管理方案。

知识点 3：主要智能仓储设备介绍

（1）RFID 智能货架：RFID 智能货架利用 RFID 技术实现货物的自动识别和定位，可以实时获取货物信息，提高货物存取的准确性和效率。同时，通过数据分析，还可以优化库存布局，提高库存周转率。RFID 智能货架如图 2－2 所示。

（2）智能搬运机器人：智能搬运机器人可以自主完成货物的搬运、码垛、拆垛等作业，降低人力成本，提高作业效率。同时，智能搬运机器人还可以适应各种复杂环境，提高仓库的灵活性和适应性。智能搬运机器人如图 2－3 所示。

（3）智能分拣系统：智能分拣系统通过图像识别、深度学习等技术实现货物的自动分拣，提高分拣效率和准确性。同时，智能分拣系统还可以适应各种不同类型的货物，提高分拣的通用性和灵活性。智能分拣系统如图 2－4 所示。

图 2-1 AGV（自动导向车）

图 2-2 RFID 智能货架

图 2-3 智能搬运机器人

图 2-4 智能分拣系统

（4）自动化智能立体仓库：自动化智能立体仓库通过堆垛机、输送线等设备实现货物的自动化存取，大幅提高仓库作业效率。同时，自动化智能立体仓库还可以实现货物的密集存储，提高仓库的空间利用率。自动化智能立体仓库如图 2-5 所示。

（5）智能无人仓：智能无人仓是指利用各种自动化设备实现仓储作业的整体无人化。这种仓库通过高度自动化和智能化的设备，完成从货物入库、上架、拣选、补货，到包装、检验、出库等全部物流作业流程，实现无人化操作。智能无人仓如图 2-6 所示。

图 2-5 自动化智能立体仓库

图 2-6 智能无人仓

任务实施

阅读案例《中储智运潜心研发智能仓储设备》，回答以下问题：

1. 中储智运的无人仓使用了哪些自动化设备？

2. 中储智运研发的 Z 系列物流机器人都具备哪些主要功能？

3. 中储智运智能分拣系统是如何工作的？

4. 想一想，中储智运研发的无人配送车可以在哪些场景使用？

任务评价

在完成上述任务后，教师组织进行三方评价，并对学生任务执行情况进行点评，共同完成任务评价表的填写。

表 2-1　　任务评价表

班级		团队名称			学生姓名	
团队成员						
考评项目		分值	要求	学生自评（30%）	团队互评（30%）	教师评定（40%）
知识能力	对自动化设备分析准确	25 分	分析正确			
	对物流机器人具备的功能分析准确	25 分	分析正确			
	对分拣系统分析准确	20 分	分析正确			
职业素养	文明礼仪	10 分	形象端庄 文明用语			
	团队协作	10 分	相互协作 互帮互助			
	工作态度	10 分	严谨认真			
成绩评定		100 分				
心得体会						

任务二　智能分拣与包装设备

任务描述

中储智运打造智能分拣及装箱系统

为了顺应客户需求，中储智运开发出了智能分拣及装箱系统解决方案，全方位解决了随线抓取及码垛装箱的问题。

学习资料

该方案具有优异的机器视觉演算法，为机械手装上一双“慧眼”，在高速运行的输送带上，保障机械手高速运行的同时，还能精准捕捉每个袋子的位置，具有精度高、效率高的优点，既能保证质量，又能提升产能。

中储智运智能分拣及装箱系统使用台达机器人自带码垛指令，能快速建立码垛装箱方案，保证装箱质量，为客户创造更多价值。

中储智运推出的智能分拣及装箱系统解决方案，采用高速柔性机器人做抓取运动，保证产品在高速抓取、搬运过程中不掉落，能够广泛应用于快消食品、肉制品等软袋及盒装产品。除此之外，还可以使用在其他分拣行业，如电子行业的电子零件分拣等。

任务要求：请以项目组为单位，认真阅读案例，对中储智运开发的智能分拣及装箱系统解决方案的具体运行模式、优点与适用性进行分析，完成“任务实施”中的问题。

知识链接

知识点 1：智能分拣与包装设备的概念

智能分拣与包装设备是现代物流技术的重要组成部分。这些设备利用先进的计算机技术、传感器技术、自动化控制技术等，实现对物品的智能识别、分类、搬运和包装，大大提高了物流作业的效率和准确性，降低了人力成本，是现代物流业不可或缺的工具。智能分拣及包装工艺流程如图 2 - 7 所示。

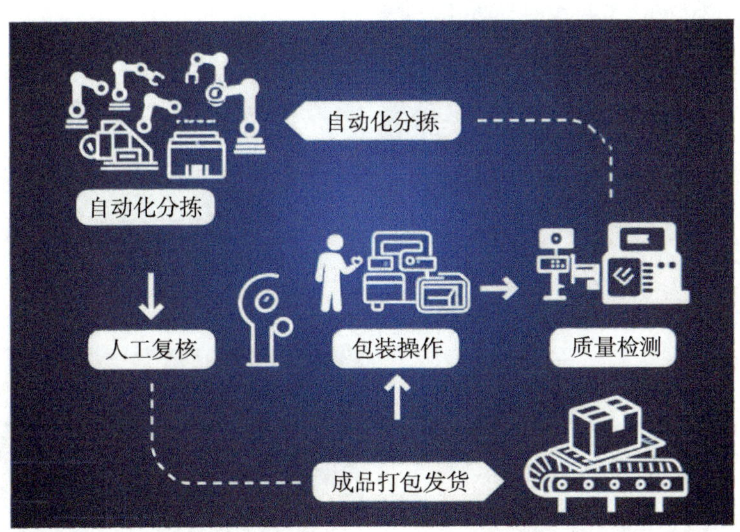

图 2 - 7　智能分拣及包装工艺流程

知识点 2：智能分拣与包装设备的种类

智能分拣与包装设备种类繁多，按照功能和应用场景的不同，可以分为以下几类。

（1）智能分拣设备：如自动化分拣系统、机器人分拣系统等，能够根据预设规则实时识别，将物品自动分类到指定位置。

（2）智能包装设备：如自动装箱机、自动封箱机、自动贴标机等，能够实现物品自动包装和贴标。

（3）智能搬运设备：如 AGV 智能搬运机器人、无人叉车等，能够在仓库或工厂内部实现自动化搬运。

知识点 3：主要智能分拣与包装设备介绍

（1）自动化分拣系统：该系统通常包括输送带、识别装置、分拣装置等部分。识别装置通过扫描或识别物品上的标签、二维码等信息，将信息传递给分拣装置，分拣装置根据预设规则将物品分拣到不同的输送带上，实现自动化分拣。自动化分拣系统如图 2－8 所示。

图 2－8　自动化分拣系统

（2）机器人分拣系统：该系统利用机器人技术，通过机器视觉、深度学习等技术实现对物品的识别和分拣。机器人分拣系统如图 2－9 所示。

（3）自动装箱机：该设备能够根据预设的装箱规则，将物品自动装入箱子中，并完成封箱、贴标等操作。自动装箱机如图 2－10 所示。

图 2-9　机器人分拣系统

图 2-10　自动装箱机

（4）AGV 智能搬运机器人：AGV 智能搬运机器人是一种无人驾驶的搬运设备，通过内置的导航系统，能够自主规划路径，实现物品的自动化搬运。其适用于仓库内部、工厂内部等复杂环境的搬运作业。AGV 智能搬运机器人如图 2-11 所示。

图 2-11　AGV 智能搬运机器人

任务实施

阅读案例《中储智运打造智能分拣及装箱系统》，回答以下问题：

1. 中储智运的智能分拣及装箱系统如何通过机器视觉技术提高分拣效率？

____

____

____

2. 中储智运的智能分拣及装箱系统如何确保货物在运输过程中不掉落？

____

____

____

3. 中储智运的智能分拣及装箱系统如何实现在货物到达后快速、精准地码垛和卸货？

____

____

____

4. 中储智运的智能分拣及装箱系统如何适应不同行业的需求？

____

____

____

任务评价

在完成上述任务后，教师组织进行三方评价，并对学生任务执行情况进行点评，共同完成任务评价表的填写。

表 2-2　任务评价表

<table>
<tr><td>班级</td><td></td><td>团队名称</td><td></td><td>学生姓名</td><td></td></tr>
<tr><td>团队成员</td><td colspan="6"></td></tr>
<tr><td colspan="2">考评项目</td><td>分值</td><td>要求</td><td>学生自评
（30%）</td><td>团队互评
（30%）</td><td>教师评定
（40%）</td></tr>
<tr><td rowspan="3">知识能力</td><td>对分拣效率提高要点分析准确</td><td>25 分</td><td>分析正确</td><td></td><td></td><td></td></tr>
<tr><td>对货物运输过程要点分析准确</td><td>25 分</td><td>分析正确</td><td></td><td></td><td></td></tr>
<tr><td>对码垛和卸货要点分析准确</td><td>20 分</td><td>分析正确</td><td></td><td></td><td></td></tr>
<tr><td rowspan="3">职业素养</td><td>文明礼仪</td><td>10 分</td><td>形象端庄
文明用语</td><td></td><td></td><td></td></tr>
<tr><td>团队协作</td><td>10 分</td><td>相互协作
互帮互助</td><td></td><td></td><td></td></tr>
<tr><td>工作态度</td><td>10 分</td><td>严谨认真</td><td></td><td></td><td></td></tr>
<tr><td colspan="2">成绩评定</td><td>100 分</td><td></td><td></td><td></td><td></td></tr>
<tr><td>心得体会</td><td colspan="6"></td></tr>
</table>

拓展训练

1. 单项选择题

(1) 智能仓储设备中，能够通过机器视觉和深度学习技术实现货物自动分拣的设备是(　　)。

A. RFID 智能货架　　B. 智能搬运机器人

C. 智能分拣系统　　D. 自动化立体仓库

(2) 在智能仓储设备中，(　　) 可以实现货物的密集存储，提高仓库的空间利用率。

A. AGV　　B. 智能货架

C. 自动化立体仓库　　D. 智能无人仓

(3) 智能分拣与包装设备中，能够根据预设规则将物品自动分类到指定位置的设备是(　　)。

A. 自动装箱机　　B. 自动化分拣系统

C. 无人叉车　　D. 智能搬运机器人

2. 多项选择题

(1) 在智能仓储设备中，(　　) 可以实现货物的自动化搬运。

A. RFID 智能货架　　B. 智能搬运机器人　　C. AGV　　D. 智能无人仓

E. 自动化立体仓库

(2) 智能分拣与包装设备的主要功能包括(　　)。

A. 自动识别　　B. 自动分类　　C. 自动搬运　　D. 自动包装

E. 自动贴标

(3) 在智能仓储设备中，(　　) 可以提高货物存取的准确性和效率。

A. RFID 智能货架　　B. 智能搬运机器人

C. 智能分拣系统　　D. 自动化立体仓库

E. 智能无人仓

3. 判断题

(1) 智能仓储设备只能实现货物的存储，无法实现货物的搬运和分拣。(　　)

(2) 自动化立体仓库通过堆垛机和输送线等设备实现货物的自动化存取，但无法实现货物的密集存储。(　　)

(3) 智能无人仓是指完全没有人员参与的仓库，所有物流作业流程都由自动化设备完成。(　　)

项目三 智慧配送中心认知

学习目标

◎知识目标

（1）理解智慧配送中心的概念、构成要素和主要流程。

（2）掌握现代信息技术在智慧配送中心中的应用，如物联网、大数据、人工智能等。

（3）熟悉智慧配送中心的规划与设计原则，包括选址、流程设计等。

※能力目标

（1）能够分析不同场景下智慧配送的应用需求，提出合理的智慧配送中心方案。

（2）能够运用所学知识，对智慧配送中心进行合理规划和设计，能够利用重心法和因素评分法进行智慧配送中心的选址。

（3）能够根据市场需求和变化，调整智慧配送中心策略，提高配送效率和服务质量。

❖思政目标

（1）培养学生的国家意识和民族自豪感，认识到智慧配送的发展对于国家经济建设和国防安全的重要意义。

（2）强化学生的社会责任感和职业道德，倡导绿色、智能、高效的物流理念，推动行业的可持续发展。

（3）引导学生树立正确的科技观和创新意识，鼓励他们在智慧配送领域进行探索和创新，为国家物流行业的转型升级贡献力量。

知识图谱

- 智慧配送中心认知
  - 智慧配送中心
    - 智慧配送中心的定义
    - 智慧配送中心的分类
  - 智慧配送中心规划与设计
    - 智慧配送中心的选址规划
    - 智慧配送中心的作业流程

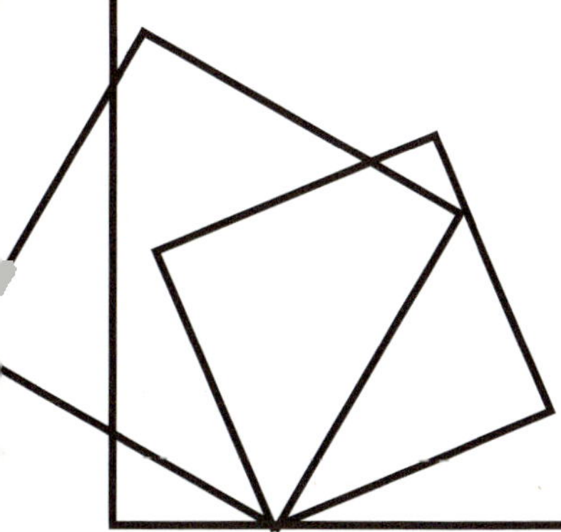

岗位分析

岗位1：物流规划师

岗位职责：负责设计和优化配送中心的流程和布局、制定货物存储和搬运策略，提高空间利用率和作业效率、参与配送路线的规划和优化。

典型工作任务：分析物流数据，评估现有流程的效率，根据业务增长数据进行预测，调整配送中心布局，同时与运输部门合作，规划合理的配送路线，建议、评估引入新的物流技术和设备。

职业素质：责任心、细心、耐心。

职业能力：信息化能力、数据分析处理能力、团队协作能力。

可持续发展能力：技术更新、综合素质、职业规划。

岗位2：调度员

岗位职责：根据客户订单要求进行车辆安排；跟踪提货、在途及到货情况，回收及交接运输回单，及时反馈给相关人员并协调异常情况；负责相关数据的收集、汇总和分析。

典型工作任务：检查当天的订单情况和可用资源，制订初步的调度计划；跟踪智能调度系统，根据实时变化调整配送路线和资源分配；当接到紧急订单或特殊要求时，迅速重新安排配送任务，确保按时完成；与司机保持电话联系或在线沟通，及时获取路况信息，解决他们遇到的问题；每周对调度数据进行总结分析，提出下周的优化措施；参与制定和完善调度工作流程和标准，提高工作效率和服务质量。

职业素质：专业知识、操作技术、团队协作、责任心和细心、数据分析、持续学习和创新。

职业能力：运输管理能力、系统操作能力、团队协作能力、数据分析处理能力。

可持续发展能力：学习新技术、提高综合素质、持续学习、创新思维。

岗位3：系统管理员

岗位职责：负责智慧配送中心信息系统的维护和管理；确保系统的稳定运行，及时处理系统故障和异常；进行系统升级和优化，以满足业务需求；培训员工正确使用信息系统。

典型工作任务：定期进行系统备份和数据维护；安装和配置新的系统软件和硬件；监测系统性能，提出改进建议；协助员工解决在系统操作中遇到的问题。

职业素质：责任心、团队协作、沟通协调、持续学习。

职业能力：技术能力、问题解决能力、数据分析处理能力、项目管理能力。

可持续发展能力：技术创新能力、职业规划能力、跨界融合能力。

项目导读

在当今数字化、智能化的时代浪潮中，智慧配送中心应运而生，成为物流领域的“璀璨明星”。智慧配送中心是一种融合了先进技术和创新管理理念的现代化物流设施，它通过运用物联网、大数据、人工智能等前沿科技，实现了物流运作的高度自动化、智能化和可视化。智慧配送中心不再是简单的货物存储和分发场所，而是一个能够实时感知市场需求、精准调度资源、高效处理订单的智能中枢。它能够对货物的入库、存储、分拣、包装、配送等环节进行全流程的监控和优化，大大提高了物流效率，降低了运营成本，提升了客户满意度。

在国家大力推动物流产业现代化发展、加快构建高效畅通的现代流通体系的大背景下，深入全面地认知智慧配送中心及其规划与设计具有极其重要的意义。

任务一　智慧配送中心

任务描述

打造便捷、高效、集约、绿色、智慧的城乡配送体系

学习资料

顺丰致力于打造具有网络规模优势的智能物流运营商，经过多年潜心经营和前瞻性战略布局，已形成拥有“天网+地网+信息网”三网合一、可覆盖国内外的综合物流服务网络。

顺丰在大数据及产品、人工智能及应用、精准地图平台、智能化设备、智慧硬件、综合物流解决方案等方面的科技研发投入稳步提升。

1. 完善产品体系布局，打造高效配送体系

基于不同行业、客户群体、场景需求的多样化，顺丰秉承“以用户为中心，以需求为导向，以体验为根本”的产品设计思维，聚焦行业特性、城乡经济发展形势等，深挖不同需求下客户“端到端”全程接触点需求及其他个性化需求，设计适合客户的产品服务及解决方案。

2. 优化城乡配送网络，打造便捷配送体系

顺丰不断拓展农村配送网络，业务覆盖全国80%以上的乡镇地区。同时，与邮政、农村便利店、供配站进行合作，货物经过分拣后由第三方承运人运送到村级物流配送点，每日往返一次实现城乡双向物流。

3. 创新产业生态网络，打造协同配送体系

顺丰在原有专业物流园区建设规模的基础上，逐步打造“快递+”和“互联网+”双核驱动的产业园（区）服务生态圈。

4. 推动科技创新驱动，打造智慧配送体系

一方面，综合运用“大数据+运筹”优化技术，对海量业务数据进行实时动态规划，提升快件时效和资源效率；另一方面，基于人工智能、物联网、机器学习、智能设备等技术的综合应用，助力上下游产业价值升级。顺丰智慧配送体系如图 3-1 所示。

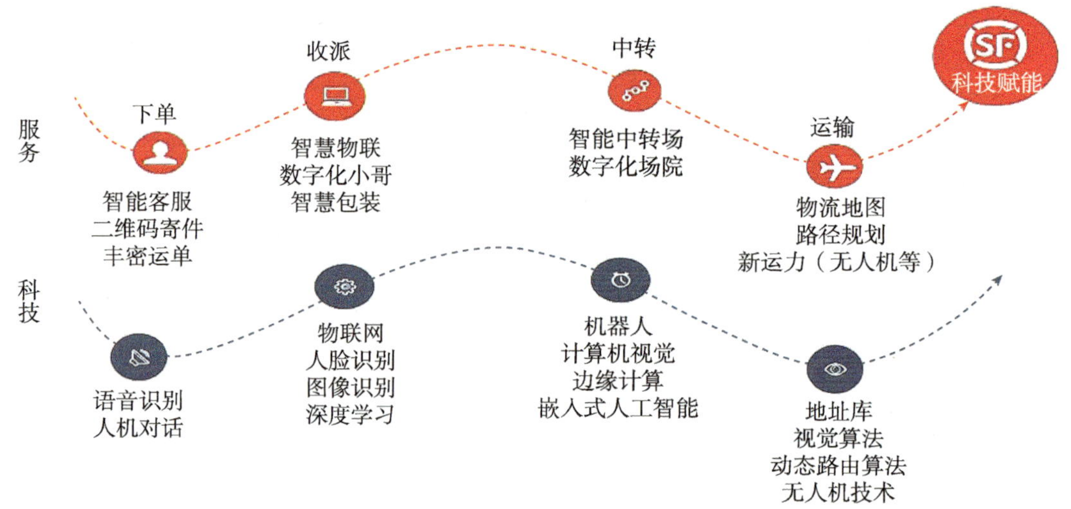

图 3-1 顺丰智慧配送体系

顺丰物流无人机、AI（人工智能）自动化、AI 识别、智慧决策、大数据、数字化仓储、智慧包装等投入使用，其中末端物流无人机已形成一种可复制、可推广的运营模式。

任务要求：请以项目组为单位，认真阅读案例，结合智慧配送中心的相关知识，完成“任务实施”中的问题。

知识链接

知识点 1：智慧配送中心的定义

国家标准《物流术语》（GB/T 18354—2021）对配送中心的定义是：具有完善的配送基础设施和信息网络，可便捷地连接对外交通运输网络，并向末端客户提供短距离、小批量、多批次配送服务的专业化配送场所。

智慧配送中心是一个依托现代信息技术和智能算法，实现配送业务高度智能化、自动化、高效化和精准化的综合性物流枢纽（见图 3-2）。它具有以下显著特点。

图 3-2 智慧配送中心

（1）智能化的管理系统：运用大数据分析、人工智能、机器学习等技术，对订单预测、库存优化、路径规划等进行智能决策，以提高配送效率和降低成本。

（2）自动化的设备与操作：配备诸如自动化分拣设备、机器人搬运装置、智能快递车、无人机等，实现货物处理和运输的自动化，减少人工干预和错误。

（3）精准的实时监控与追踪：通过物联网技术，对货物、车辆和设备进行实时监控和追踪，确保货物安全、准确送达，同时能及时发现并解决配送过程中的问题。

（4）高效的资源整合与协同：整合供应商、物流企业、客户等多方资源，实现信息共享和协同作业，优化配送流程和资源配置。

（5）个性化的服务定制：根据不同客户的需求，提供定制化的配送方案，满足多样化和个性化的市场需求。

（6）绿色可持续发展：注重节能减排，采用环保型设备，优化配送路线，减少能源消耗和环境污染。

知识点 2：智慧配送中心的分类

1. 按配送中心的服务范围分类

（1）区域配送中心：以较强的辐射能力和库存准备，向省（区、市）、全国乃至国际范围的用户配送的配送中心。

（2）城市配送中心：以城市范围为配送范围的配送中心，由于城市范围一般处于公路运输的经济里程，这种配送中心可直接配送到最终用户，且一般采用汽车进行配送。

2. 按配送中心的经营主体分类

（1）制造型配送中心：这类配送中心通常隶属于制造企业，其主要功能是为企业自身的生产活动提供原材料、零部件的供应配送，以及将成品配送给客户。

（2）批发商型配送中心：这类配送中心主要由批发商建立和运营，用于集中采购商品，然后再向零售商或其他批发商进行配送。

（3）零售商型配送中心：这类配送中心为零售企业服务，负责将商品从供应商处集中采购后，配送到各个零售门店。

（4）专业物流配送中心：专业物流配送中心是独立于生产企业、批发商和零售商，专门为各类客户提供物流配送服务的专业机构。

3. 按配送中心的功能分类

（1）储存性配送中心：主要特点是具有较大的储存能力和较长的货物储存时间。它通常会储备大量的货物，以应对市场需求的波动和不确定性。

（2）流通性配送中心：没有长期储存的功能，仅以暂存或随进随出的方式进行配货和送货。流通性配送中心更注重货物的快速流转和高效配送。

（3）加工性配送中心：以流通加工为主要业务的配送中心。除了储存和配送货物，还提供对货物进行加工、包装、组装等增值服务。

智能配送中心是现代物流体系中不可或缺的一部分，它凭借先进的技术和智能化的管理手段，极大地提高了物流配送的效率和准确性。在未来的经济发展中，智能配送中心将继续发挥重要作用，成为提升企业竞争力和社会经济运行效率的关键因素。

任务实施

阅读案例《打造便捷、高效、集约、绿色、智慧的城乡配送体系》，回答以下问题：

1. 顺丰主要是从哪几方面打造便捷、高效、集约、绿色、智慧的城乡配送体系的？

____

____

____

2. 在城乡配送体系中，智慧配送中心如何体现其作用？

____

____

____

3. 顺丰的城乡配送体系有哪些核心优势？用到了哪些新技术？

____

____

____

任务评价

在完成上述任务后，教师组织进行三方评价，并对学生任务执行情况进行点评，共同完成任务评价表的填写。

表 3－1　　任务评价表

班级		团队名称		学生姓名	
团队成员					
考评项目		分值	要求	学生自评（30％）	团队互评（30％）	教师评定（40％）

考评项目		分值	要求	学生自评（30％）	团队互评（30％）	教师评定（40％）
知识能力	对城乡配送体系的打造分析准确	20 分	分析正确			
	对智慧配送中心的主要作用分析准确	20 分	分析正确			
	对城乡配送体系的优势和技术分析准确	30 分	分析合理			
职业素养	文明礼仪	10 分	形象端庄 文明用语			
	团队协作	10 分	相互协作 互帮互助			
	工作态度	10 分	严谨认真			
成绩评定		100 分				
心得体会						

任务二　智慧配送中心规划与设计

任务描述

依托供应链生态体系　实施城乡一体化配送

青岛日日顺物流有限公司（简称“日日顺”），是海尔集团旗下物流服务品牌。日日顺依托先进的管理理念和物流技术，整合网络资源，搭建起开放的专业化、标准化、智能化大件物流场景生态服务平台，为品牌商和用户提供“仓、干、配、装、揽、鉴、修、访”全链路、全流程服务。

学习资料

日日顺建立辐射全国的分布式三级云仓网络，拥有 10 个前置揽货仓、136 个智慧物流仓、6000 多个大件服务网点，总仓储面积 600 万平方米以上，规划 3300 多条班车循环专线，10 万辆车小微、20 万名服务兵，实现全国网络全覆盖。日日顺作为海尔集团服务品牌之一，与集团产业互联互通，承接海尔集团旗下商品的物流需求，形成了良好的“产业+物流”生态体系。

1. 商流物流结合，完善城乡末端网点

日日顺依托海尔服务平台打造城乡社群生态，以商流带动物流，打通城市和农村物流壁垒，完善城乡末端网点布局。

2. 建立“城村通”平台，打通城乡往返配送

日日顺建立到村的农村物流体系——“城村通”平台，实现工业品、快消品、快递等配送到镇、到村，而农特产品配送到城市。

3. 打造乐家诚品，实现城乡双向流通

针对优质农特产品销售难、价格低、假冒伪劣多等问题，日日顺乐农联合日日顺乐家，共同打造了农特产品高端品牌——乐家诚品，甄选地标性农特产品，为城市用户提供绿色特产的同时，为农民拓宽销售渠道，增加收入。

任务要求：请以项目组为单位，认真阅读案例，结合智慧配送中心规划与设计的相关知识，完成“任务实施”中的问题。

知识链接

知识点 1：智慧配送中心的选址规划

1. 选址的主要考虑因素

（1）适应性。国家及地区的经济发展方针、政府的政策支持对物流业的发展具有重要影响。因此，在选址时，需要与国家物流资源分布、物流中心节点、产业布局和需求布局相适应。

（2）客户的需求与分布。配送中心的首要目标是服务客户，因此其选址应尽可能接近客户分布区域。

（3）交通的便利性。配送中心应尽量选择在交通主干道、高速公路、铁路编组站或港口等交通枢纽附近，以便实现多种运输方式的连接和快速配送。

（4）成本。成本除了包含土地成本和建设成本，还需要考虑运营成本，包括人力成本、运输成本、维护成本等。在选址时，须进行综合评估，以选择成本效益最佳的地点。

（5）可持续发展性。选址需要具有战略眼光，既要考虑全局，又要考虑长远规划；既要考虑当前的实际需要，又要考虑日后发展的可能。根据目前和未来可能出现的新趋势、新模式来选址布局。

2. 选址的方法

配送中心在选址时除了考虑以上因素，利用数学方法对选址的位置进行量化分析也非

常重要。

（1）重心法。

①基本原理：假设物流系统中有多个需求点，每个需求点都有一定的货物运输量。重心法的目标是找到一个点，使得从该点到各个需求点的运输距离与运输量的乘积之和最小。

②计算步骤：假设有 n 个用户，分布在不同的坐标点（x_i，y_i）上，拟选择配送中心的坐标（x_0，y_0）到各用户的成本如下。

$$C_i=a_iW_id_i$$

式中：a_i——从配送中心到第 i 个用户每单位运量、单位距离的运输费用；

W_i——从配送中心到第 i 个用户的运量；

d_i——从配送中心到第 i 个用户的直线距离。

其中：

$$d_i=\sqrt{(x_0-x_i)^2+(y_0-y_i)^2}$$

从配送中心到多个用户的运费总额如下。

$$H=\sum_{i=1}^{n}C_i$$

式中：H——从配送中心到所有用户的运输费用总额；

C_i——配送中心到第 i 个用户的运输费用；

n——用户个数。

那么：

$$H=\sum_{i=1}^{n}C_i=\sum_{i=1}^{n}d_iW_ia_i$$
$$=\sum_{i=1}^{n}W_ia_i\sqrt{(x_0-x_i)^2+(y_0-y_i)^2}$$

当运输费用总额 H 最小时，说明配送中心的坐标最佳，即（x_0，y_0）。

（2）因素评分法。

因素评分法是一种综合考虑多个因素来评估和选择配送中心选址的方法，步骤如下。

①确定选址的相关因素：首先明确影响配送中心选址的各种因素。

②为每个因素赋予权重：根据这些因素对配送中心运营的重要程度，为每个因素分配相应的权重。权重的总和通常为 100%。

③对每个备选地址在各因素上进行评分：针对每个备选的配送中心地址，就上述确定的因素分别进行评估和打分。评分通常采用一定的等级标准，例如 1～5 分或 1～10 分，分数越高表示在该因素上表现越好。

④计算每个备选地址的综合得分：将每个备选地址在各个因素上的得分乘以相应的权重，然后求和，得到每个备选地址的综合得分。计算公式如下：

综合得分＝因素 1 得分×权重 1+因素 2 得分×权重 2+…+因素 n 得分×权重 n

⑤决策：根据综合得分的高低，对备选地址进行排序，选择综合得分最高的地址作为最佳的配送中心选址。

【例题】

假设配送中心有三个备选地址 A、B、C，考虑交通便利性、土地成本、劳动力成本三个因素，权重分别为 40%、30%、30%。评分标准为 1～5 分，5 分为最佳。

对于地址 A，交通便利性评分为 4 分，土地成本评分为 3 分，劳动力成本评分为 4 分，则：

地址 A 的综合得分＝4×40%+3×30%+4×30%＝3.7 分

同样计算出地址 B 和 C 的综合得分，进行比较和选择。

知识点 2：智慧配送中心的作业流程

配送中心的一般作业流程如图 3－3 所示。

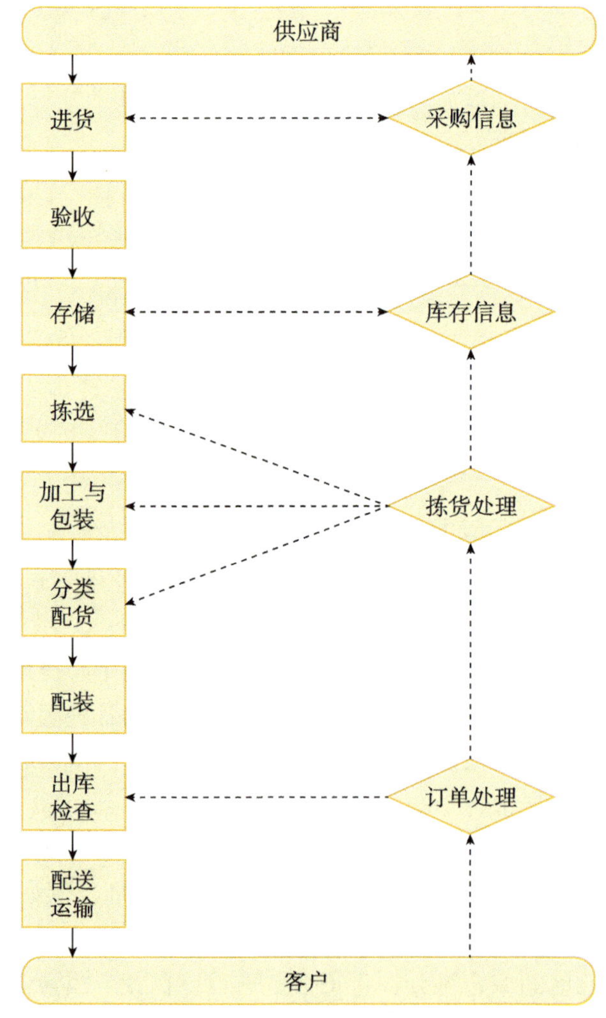

图 3－3　配送中心的一般作业流程

智慧配送中心作业流程中的每一项，都可以通过使用智慧化的系统、工具或设备来提高运营效率和运营质量。

任务实施

阅读案例《依托供应链生态体系 实施城乡一体化配送》，回答以下问题：

1. 日日顺在配送领域的主要优势有哪些？

____

____

____

2. 日日顺是如何进行城乡一体化配送规划布局的？

____

____

____

3. 日日顺在进行城乡一体化配送规划布局的过程中，考虑的主要因素有哪些？

____

____

____

任务评价

在完成上述任务后，教师组织进行三方评价，并对学生任务执行情况进行点评，共同完成任务评价表的填写。

表 3－2　　任务评价表

<table>
<tr><td>班级</td><td></td><td>团队名称</td><td colspan="2"></td><td>学生姓名</td><td></td></tr>
<tr><td>团队成员</td><td colspan="6"></td></tr>
<tr><td colspan="2">考评项目</td><td>分值</td><td>要求</td><td>学生自评
（30%）</td><td>团队互评
（30%）</td><td>教师评定
（40%）</td></tr>
<tr><td rowspan="3">知识能力</td><td>对主要优势分析准确</td><td>25 分</td><td>分析正确</td><td></td><td></td><td></td></tr>
<tr><td>对城乡一体化配送布局规划分析准确</td><td>25 分</td><td>分析合理</td><td></td><td></td><td></td></tr>
<tr><td>对主要因素分析准确</td><td>20 分</td><td>分析合理</td><td></td><td></td><td></td></tr>
</table>

续表

职业素养	文明礼仪	10 分	形象端庄 文明用语			
	团队协作	10 分	相互协作 互帮互助			
	工作态度	10 分	严谨认真			
成绩评定		100 分				
心得体会						

1. 单项选择题

(1) 智慧配送中心的核心特点是（　　）。

A. 大量人工操作　　B. 高度信息化

C. 低效率运作　　D. 有限的空间利用

(2) 智慧配送中心实现精准配送的基础是（　　）。

A. 完善的客户信息　　B. 大量的配送车辆

C. 先进的导航系统　　D. 丰富的配送经验

(3) 智慧配送中心在进行货物存储规划时，首要考虑的因素是（　　）。

A. 货物的价值高低　　B. 货物的重量大小

C. 货物的出入库频率　　D. 货物的外观形状

2. 多项选择题

(1) 以下哪些是智慧配送中心规划与设计中的安全考量因素？（　　）

A. 防火防爆　　B. 货物防盗

C. 人员安全培训　　D. 应急响应机制

(2) 以下哪些是智慧配送中心实现智能化的关键？（　　）

A. 先进的设备　　B. 高素质员工

C. 陈旧的管理理念　　D. 创新的技术

(3) 智慧配送中心规划时需要考虑的因素包括（　　）。

A. 地理位置　　B. 交通便利性

C. 周边竞争对手分布　　　　　　　　　　D. 当地政策法规

3. 判断题

（1）智慧配送中心一定需要大规模的占地面积。（　　）

（2）合理的布局规划能提高智慧配送中心的作业效率。（　　）

（3）所有类型的商品都能在同一智慧配送中心以相同的方式进行处理和配送。（　　）

（4）智慧配送中心的信息安全防护措施只需要在建设完成后一次性设置好。（　　）

（5）完善的信息化系统对智慧配送中心的管理至关重要。（　　）

4. 案例分析题

案例背景：某大型电商企业为了提升物流配送效率和服务质量，在全国多个城市精心布局了智慧配送中心。其中，一个位于东部沿海城市的配送中心尤为引人注目，其占地面积约 10 万平方米。

在选址方面，企业进行了全面而深入的考量。该地区不仅交通网络发达，紧邻高速公路和铁路枢纽，使得货物能够便捷地运输和集散，而且，周边劳动力资源丰富，劳动力成本在合理范围内。此外，当地政府积极支持，提供了优惠的政策以及完善的基础设施，包括稳定的电力供应、高效的通信网络和良好的排水系统等。

在技术应用方面，该配送中心配备了先进的自动化分拣系统。该系统能够根据预设的程序和智能算法，快速准确地识别和分类订单。货物通过传送带自动运输到相应的分拣区域，机械手臂和分类装置能够高效地完成分拣工作，大大提高了处理速度和准确性。同时，利用物联网技术，实现了对仓库内的货物、设备和人员的实时监控和管理。每一件货物都配备了电子标签，能够实时追踪货物的位置和状态。设备的运行数据也能被实时采集，便于及时进行维护和保养。工作人员配备了智能手环，能够实时定位和沟通，提高了工作效率和协同性。

此外，该配送中心还引入了大数据分析技术，通过对历史销售数据、市场趋势以及用户行为等多维度数据的挖掘和分析，精准预测市场需求，例如，根据不同季节和促销活动的特点，提前调整库存结构和数量。基于大数据的算法优化了库存管理，降低了库存成本，减少了缺货现象。通过与供应商的紧密合作，实现了信息共享和协同补货，供应商能够实时了解配送中心的库存情况，根据需求及时补货，大大缩短了供应链响应时间。

结合案例背景完成以下任务：

（1）分析该配送中心选址在东部沿海城市的主要优势，并说明这些优势对配送中心运营的具体影响。

（2）阐述自动化分拣系统在该配送中心的工作原理和带来的优势。

（3）结合本案例，谈谈智慧配送中心对电商企业竞争力的提升作用。

A

B

模块二
实施篇

项目四 入库作业

学习目标

◎知识目标

（1）掌握入库作业的流程和操作步骤。

（2）掌握货物接运流程和操作步骤。

（3）掌握仓库入库作业相关凭证的填写规范。

（4）掌握正确的货物分类、标记和存放方法。

※能力目标

（1）能够针对商品入库需求实施入库准备。

（2）能够准确填写入库作业单据。

（3）能够针对入库需求实施货物接运。

（4）能够准确完成商品的入库验收。

（5）能够根据入库单证准确实施入库操作。

❖思政目标

（1）培养学生不负韶华、不负时代的爱国情怀，激发学生的奋斗精神，知行合一。

（2）培养学生铸大国重器、成栋梁之材意识，增强对民族发展进步的自豪感。

（3）培养学生的社会主义核心价值观，增强学生社会责任感。

（4）培养学生的劳模精神、创新精神和工匠精神，增强创新和绿色发展意识。

（5）培养学生细致、安全、高效的物流职业意识。

知识图谱

入库作业
入库准备作业
入库申请处理
入库作业计划编制
入库前准备工作
检查、落实仓库内准备工作
接运与验收作业
货物接运认知
货物接运方式
接运异常处理
入库验收作业
组托与上架作业
组托的要求
组托示意图绘制
组托常见问题
上架作业

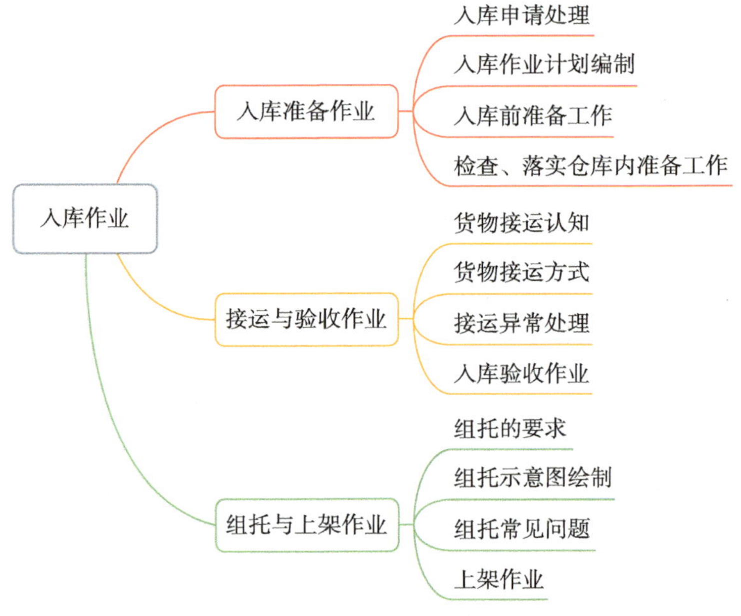

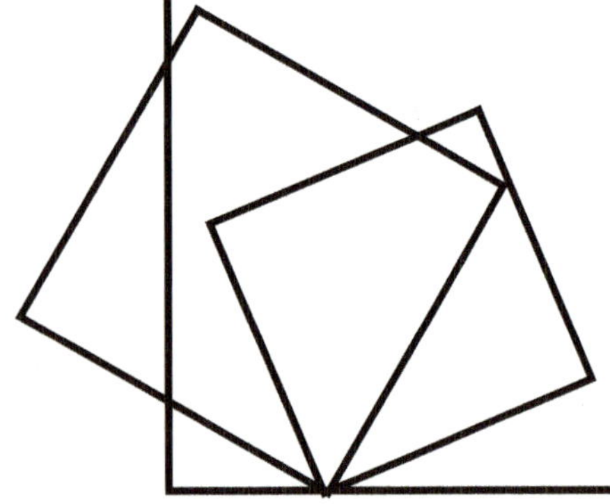

岗位分析

岗位1：仓库经理

岗位职责：负责整个仓库运营的核心人员，负责制定和执行仓库的战略规划，确保仓库能够高效、安全运营。

典型工作任务：监督仓库的日常活动、人员安排和物品管理，并与其他部门保持紧密合作，以满足客户或项目需求。

职业素质：成本意识、效率意识、安全管理意识、团队意识、创新意识、责任意识等。

职业能力：完善仓库的规范作业标准及流程，提高效率、降低成本；做好监督管理工作。

可持续发展能力：能掌握智慧仓储规划与作业流程，能协调第三方合作企业。

岗位2：仓库主管

岗位职责：直接负责仓库运作的中间管理人员，负责监督和考核仓库员工工作态度和工作成果。

典型工作任务：监督仓库员工的工作，确保仓库在规定的时间内进行收货、储存、发货和物品出库，仓库的任务按时完成，负责仓库的安全和卫生管理，定期检查和维护设施设备和仓库环境。

职业素质：团队意识、效率意识、安全管理意识、成本管理意识、法律法规意识。

职业能力：建立完善的操作员考核制度，组织和监督仓库操作员实施各项作业任务。

可持续发展能力：能与部门经理以及员工进行有效沟通；能进行业务扩展；能进行全局协调。

岗位3：仓库文员

岗位职责：仓库运营中的辅助岗位，负责数据录入、报表生成、文件管理与存档等工作。

典型工作任务：按照客户需求制作出入库单据；使用仓库管理系统，进行数据记录和更新；保持与供应商、客户和内部部门的正常沟通和联络；协助仓库经理和仓库主管完成各类报告和文件。

职业素质：标准化作业意识、精细化意识、团队意识、客户服务意识、责任意识等。

职业能力：熟练的计算机操作能力；能做好协调及配合工作；能熟练使用仓库管理系统。

可持续发展能力：能与供应商、客户和内部部门正常沟通和联络，能掌握智慧仓储作业流程。

岗位4：收货员

岗位职责：负责货品接收、检验和分类。

典型工作任务：核对进货清单和实际货品，并记录数量和质量；确保货品正确存放，按照规定的方法进行分类、标记和堆存；与供应商保持良好的合作关系，并及时将货物转交给仓库管理人员。

职业素质：标准化作业意识、团队意识、安全作业意识、客户服务意识、责任意识等。

职业能力：规范执行仓库入库验收作业，提高效率、降低成本；做好协调及配合工作；能熟练使用仓库管理系统。

可持续发展能力：能与部门主管、单证员、操作员进行有效沟通，具备团队内沟通协调能力；能掌握智慧仓储作业流程；能对智慧仓库内设备进行简单维护与维修。

岗位5：装卸工

岗位职责：负责将货物装车或从运输工具上卸载下来并搬运到仓库内。

典型工作任务：根据仓库要求，使用适当的设备和工具进行货物上下车作业，确保货物安全和准确放置；负责仓库的货架布局和货物堆放，以便提高仓库空间利用率。

职业素质：标准化作业意识、安全作业意识、团队意识、客户服务意识、责任意识等。

职业能力：执行规范的装卸搬运作业，提高效率、降低成本；做好协调及配合工作；能熟练使用仓库管理系统。

可持续发展能力：能与入库员进行有效沟通，具备团队内沟通协调能力；能掌握智慧仓储作业流程。

岗位6：入库员

岗位职责：负责将收到的货物分门别类地存放到仓库内，确保货品可以被方便地找到和提取。

典型工作任务：按照系统记录和标签将货物放置到正确的区域和货架上，并定期更新仓库存货数据；负责仓库内货物的整理、打包和包装。

职业素质：标准化作业意识、安全作业意识、团队意识、客户服务意识、责任意识等。

职业能力：执行规范的入库作业，提高效率、降低成本；做好协调及配合工作；能熟练使用仓库管理系统。

可持续发展能力：能与部门主管、单证员、操作员进行有效沟通，具备团队内沟通协调能力；能掌握智慧仓储作业流程。

项目导读

智能仓储与工业物流解决方案主要应用于工业生产物流及商业流通配送两大场景。在工业生产物流场景下，搬运为核心应用环节，由于物料与生产线非标准化程度高，作业任务及厂区环境复杂多样，人机混行情况较多，因此更为注重解决方案与生产节拍的整体协调性；而在商业流通配送场景下，解决方案主要用于拣选、分拣、搬运等环节，由于货物进出频繁，小批量、多批次，且存在逆向物流、订单量季节性波动大等特点，因此解决方案更为注重流通效率及快速响应能力。

受益于我国光伏、锂电、3C 产品（计算机类、通信类和消费类电子产品）、汽车汽配等新兴制造行业近年的高速发展，智能仓储与工业物流解决方案在工业生产物流场景的需求预计将进入高速增长期。

移动机器人底盘、机械臂、3D（三维）视觉系统、灵巧手等新兴技术被广泛应用于货品的检验、入库上架等作业环节中。

入库准备作业

任务描述

安得智联智能入库

安得智联是一家专注于提供物流集成解决方案的现代科技创新型企业，包括仓配一体与供给链、整车、快运、国际货代等多元业务，并依托智能装备实现智能自动化集成解决方案。安得智联于 2024 年 6 月 7 日上午 8：00，收到客户编号为 KHBH001 的一批原材料。应收货物如表 4 - 1 所示。

学习资料

表 4 - 1　应收货物

序号	品名	产品编号	规格	数量（袋）
1	羊毛 Aa	CPBH001a	60kg/袋	20
2	羊毛 Bb	CPBH002b	60kg/袋	20
3	羊毛 Ca	CPBH003a	60kg/袋	20
4	羊毛 Db	CPBH004b	60kg/袋	20

安得智联仓库保管员小程收到该批货物入库通知单（RKTZD001），编制作业计划单号为RKD001的入库单，将该批原材料存放于编号为KF001的库房。但在入库验收中发现羊毛Db质量没有过关，包装出现破损，要求产品编号为CPBH004b的羊毛Db全部退货。于是仓库保管员小程立刻编制作业计划单号为CKD001的退货申请单，退货单号是THDH001，要求供应商更换产品编号为CPBH004b的羊毛Db（其送货单号是SHDH001）。

其他合格产品暂放在编号为KF001库房的暂存区，待货品（羊毛Db）更换完毕后一起入库。预计入库时间为2024年6月7日上午10：00。

任务要求：请以项目组为单位，认真阅读案例，应用下列知识点针对供应商货物现状，完成此批货物的入库作业。

知识链接

知识点1：入库申请处理

入库申请是存货人对仓储服务产生需求，并向仓储企业发出需求通知。仓储企业接到申请后，应根据货物情况、仓库情况及设备情况对此项业务进行审核和评估，确认存货人的需求和仓库存储的可能性：若企业仓储能力明显不足，应理性拒绝该项业务，并给出合理解释，以求得客户的谅解；若企业具备仓储能力，决定接受此项业务，则应及时制订入库作业计划，并分别传递给存货人和仓库部门，做好各项准备工作。

知识点2：入库作业计划编制

入库申请是生成入库作业计划的基础和依据。通常，入库作业计划包括以下内容。

（1）货物入库的时间、数量、包装形式、规格，并依此计算货物所需占用的仓容大小。

（2）预计到货时间及接运方式。

（3）为了方便装卸搬运，计划车辆的停放位置。

（4）计划货物的临时存放地点。

（5）确定入库作业的相关部门，合理组织人力和设备。

知识点3：入库前准备工作

1. 信息准备

在接到货物入库申请后，仓库主管应进一步查看货物详细信息，包括：发货时间、发货地点、运输方式、在途天数、预计到货时间、到货地点等。

2. 场地准备

仓库管理部门对入库作业计划的内容进行分析，根据货物的入库时间、数量、性质、单品体积、重量、包装物保管要求等信息，准备好存货场所。

3. 设备准备

根据入库作业计划，仓库设备部门准备相应的车辆，检验器材度量衡，检查秤、尺、移动照明，准备撬棍、锤子、堆码工具以及危险品入库需要的必要防护用品等。

4. 人员准备

根据作业量大小及专业化程度要求，仓库主管应调度、安排好数量相符、技能娴熟的搬运、堆码、检验等相关作业人员。

5. 储位准备

仓库管理人员根据入库货物的性能、数量、类别，结合仓库分区分类保管要求，核算储位大小，根据储位使用原则，妥善安排储位和验收场地。

6. 单证准备

仓库管理人员根据入库作业计划将作业时所需的入库记录单、验收单、货卡等各种单据凭证、报表事先准备好，并预填妥善，以备使用。

知识点 4：检查、落实仓库内准备工作

1. 熟悉入库货物

要求仓库管理人员必须掌握入库货品的品种、规格、数量、包装状态、单件体积、到库确切时间、存期、理化特性、保管要求等，以便入库后妥善保管。

2. 妥善安排储位

根据入库货品的特点与数量，结合仓库分区分类保管要求和储位使用原则，检查、督促仓库管理人员合理规划、妥善安排储位。

3. 整理存放区域

确定货品的具体存放位置后，仓库保管员还要及时彻底清理储位。

4. 准备入库验收工具

根据预定验收方案，仓库验收人员应提前备好验收所需的称量、点数、检测及开箱装箱、丈量、移动照明等工具。

5. 准备入库单据

信息员应妥善准备好货品入库需要的报表、单证、记录簿、货卡等文件单证以备入库使用。

任务实施

根据案例及相关知识点，讨论并完成以下任务。

1. 编制公司内部入库作业计划（见表 4－2）。

表 4－2　　入库作业计划

<table>
<tr><th colspan="9">入库单</th></tr>
<tr><td colspan="2">库房</td><td colspan="2"></td><td colspan="5">□正常商品　□暂存商品　□退换货</td></tr>
<tr><td colspan="2">客户名称</td><td colspan="3"></td><td>应收总数</td><td></td><td>实收数量</td><td></td></tr>
<tr><td>编号</td><td>货号</td><td>货品名称</td><td>单位</td><td>数量</td><td>包装</td><td>毛重（kg）</td><td>包装规格</td><td>备注</td></tr>
<tr><td>1</td><td></td><td></td><td></td><td></td><td></td><td></td><td></td><td></td></tr>
</table>

续表

2								
3								
4								
5								
接运方式					到货时间			
制单时间					入库时间			
制单人					仓库保管员			

2. 编制储位分配单。

当前仓库 KF001 的储位情况如下：HW406（空），HW407（空），HW408（空），HW409（空）。各储位距出库理货区由近及远分别为：HW409（空），HW408（空），HW407（空），HW406（空）。已知：每个储位最多可放羊毛 20 袋；羊毛 Aa、羊毛 Bb、羊毛 Ca、羊毛 Db 出入库频率依次降低。

请根据上述信息完成储位分配单的缮制，填写表 4－3。

表 4－3　储位分配单

储位分配单								
作业单号					库房编号			
制单人					制单日期			
货品明细								
序号	位置	货品名称	规格	批次	应放数量	实放数量	单位	备注

3. 确定货物装卸方式。

讨论此批货物的装卸、搬运方式。

4. 检查、落实入库准备工作。

讨论完成入库前各项库内准备工作及注意事项。

任务评价

在完成上述任务后，教师组织进行三方评价，并对学生任务执行情况进行点评，共同完成任务评价表的填写。

表 4-4　任务评价表

班级		团队名称			学生姓名	
团队成员						
考评项目		分值	要求	学生自评（30%）	团队互评（30%）	教师评定（40%）
知识能力	入库流程分析准确	10 分	分析正确			
	入库作业计划分析准确	20 分	分析正确			
	储位分配准确	20 分	分析正确			
	检查、落实周全	20 分	分析合理			
职业素养	文明礼仪	10 分	形象端庄 文明用语			
	团队协作	10 分	相互协作 互帮互助			
	工作态度	10 分	严谨认真			
成绩评定		100 分				
心得体会						

任务二　接运与验收作业

任务描述

中远集团第三方物流公司接运验收

学习资料

2024 年 9 月 15 日，中远集团第三方物流公司仓储中心韩主管收到广州火车站发来的一份到货通知，得知公司某 VIP 客户有一批货物即将到站，到站货物包括：200 台长虹彩色电视机、200 台 242L 海尔冰箱、100 箱饼干、100 箱方便面、200 箱可口可乐饮料、400 箱矿泉水、500 袋洗衣粉。要求 9 月 18 日 10 点准时办理到站接运、提货手续。

任务要求：请以项目组为单位，假设你是中远集团第三方物流公司仓储中心主管，请迅速组织自己的项目团队一起模拟完成这批货物的到站接运工作。

知识链接

知识点 1：货物接运认知

货物接运是入库业务流程的第一道作业环节，也是仓库直接与外部发生的经济联系，它的主要任务是及时而准确地从交通运输部门提取入库货物，要求手续清楚、责任分明，为仓库验收工作创造有利条件。

货物接运工作是仓库业务活动的开始，是商品入库和保管的前提，接运工作好坏直接影响商品的验收和入库后的保管保养。

知识点 2：货物接运方式

1. 车站、码头接货

提货人员应了解所提取的商品的品名、型号、特性和一般保管知识、装卸搬运注意事项等。在提货前应做好货物接运的准备工作，如准备好装卸运输工具、腾出存放商品的场地等。在到货前，提货人员应主动了解到货时间和交货情况，根据到货多少，组织装卸人员、机具和车辆，按时前往提货。

2. 专用线接车

接到专用线到货通知后，应立即确定卸货货位，力求缩短场内搬运距离；组织好卸车所需要的机具、人员及有关资料，做好卸车准备。车皮到达后，引导对位，进行检查。

卸车时要注意为商品验收和入库保管提供便利条件，分清车号、品名、规格，不混不乱。

编制卸车记录，记明卸车货物规格、数量等。

3. 仓库自行接货

仓库应根据到货通知，了解所提取货物的性能、规格、数量，准备好提货所需要的机械具、人员，配备保管人员当场检验质量、清点数量，并做好验收记录，接货与验收合并一次完成。

4. 库内接货

存货单位或供货单位将商品直接运送到仓库储存时，应由保管人员或验收人员直接与送货人员办理交接手续，当面验收并做好记录。

知识点 3：接运异常处理

1. 接运工作中常见的异常问题

接运工作中常见的异常问题主要有破损、短少、变质、错到等。

2. 货物交接责任划分及处理

（1）发货单位责任。在交给运输部门承运前发生的货损或者因发货单位过失、处理不当造成的货损，由发货单位负责。

（2）中转单位责任。从接收中转货物起到交给运输部门转运之前发生的损失，或者因中转单位工作责任引起的损失，由中转单位负责。

（3）承运单位责任。交通运输部门从发货单位（中转单位）接收货物起到将商品运达目的地交付收货人之前发生的货损，或者因承运单位工作责任引起的损失，由承运单位负责。

（4）收货单位责任。收货单位与交通运输部门办好货物交接手续后，从提货后所发生的损失或因收货单位工作责任引起的损失，由收货单位负责。

知识点 4：入库验收作业

入库验收作业一般包括以下步骤。

（1）验证进货单据：检查进货日期、供应商、商品编码、数量等信息。

（2）检查外观质量：查看是否有破损、变形、脏污等问题。

（3）数量核对：根据进货单据核对实际到货的商品数量。

（4）质量检验：根据商品特性以及组织机构的要求，对部分或全部商品进行质量检验。

（5）问题处理：如果发现商品有质量问题、数量差异或其他异常情况，验收人员需要及时与供应商联系，并做书面记录。

（6）文件审核：验收人员对进货单据、质量检验报告等相关纸质或电子文件进行审核。

（7）报告与备案：验收人员通常会编写一份验收报告，并将其备案。

（8）入库操作：当验收合格后，验收人员会将商品或物资送至仓库，进行入库操作。

任务实施

根据案例及相关知识点，讨论并完成以下任务：

1. 组织项目团队。

确认团队成员和角色划分。每个项目团队由 6～8 人组成，分别扮演各岗位角色并模拟业务操作与工作流程。岗位角色有：仓储部主管、仓储业务员、仓储质检员、装卸搬运人员、卡车司机、铁路运输员等。

2. 到站提货。

分析路况，确定各岗位人员到位时间。

3. 核对单证。

铁路运输员向仓储业务员出示送货通知单及供货单位提供的发票、产品说明书、质量合格证书、装箱单、磅码单、发货明细等货物相关资料。

4. 检查包装。

仓储质检员检查货物的外包装，重点检查外包装是否存在破损、浸湿、油污、渗漏、变形等异常情况。打开货物的外包装，检查内部货物是否发生破损。

5. 大数点收、接运记录。

仓储业务员和仓储质检员一起采用堆码点数的方法清点货物，发现数量不符时，要及时做现场复查。

6. 交接运回。

仓储业务员在送货单上的“备注”栏填写了实收数量，并在相应的“收货人签字”栏里签名确认，铁路运输员签字确认后，完成货物交接手续。

7. 内部交接。

货物接运到库后，仓储业务员将入库通知单连同提取的货物向仓储部主管当面点清，办理内部交接手续。

任务评价

在完成上述任务后，教师组织进行三方评价，并对学生任务执行情况进行点评，共同完成任务评价表的填写。

表 4-5　任务评价表

班级			团队名称		学生姓名	
团队成员						
考评项目		分值	要求	学生自评（30%）	团队互评（30%）	教师评定（40%）
知识能力	接运流程准确	20 分	分析正确			
	货物检验方式正确	20 分	分析正确			
	接收异常处理得当	20 分	操作正确			
	核对单据准确	10 分	操作正确			
职业素养	文明礼仪	10 分	形象端庄 文明用语			
	团队协作	10 分	相互协作 互帮互助			
	工作态度	10 分	严谨认真			
成绩评定		100 分				
心得体会						

任务三 组托与上架作业

任务描述

顺德7号仓商品组托与上架方案

学习资料

兴业大卖场送来一批已经验收完毕的商品，顺德7号仓的仓库管理员需要根据货物数量、包装规格、堆码要求等信息选择合适的组托方式并完成货物上架作业。商品种类、数量及包装情况如表4－6所示。

表4－6 商品种类、数量及包装情况

序号	名称	规格（mm×mm×mm）	数量（箱）
1	休闲黑瓜子	595×395×375	78
2	小师傅方便面	595×325×330	88
3	大王牌大豆酶解蛋白粉	495×395×329	36
4	蜂圣牌蜂王浆冻干粉片	395×295×275	30
5	诚诚油炸花生仁	395×245×265	24
6	利信达板栗	330×235×240	60
7	金多多婴儿营养米粉	295×245×240	32
8	蒂亚干红葡萄酒	460×260×230	20
9	好娃娃薯片	455×245×200	60

任务要求：请以项目组为单位，认真阅读案例，应用下列知识点针对本批次商品制订组托计划，做方案说明后制订货物上架计划。

知识链接

知识点1：组托的要求

1. 组托前的要求

（1）商品的名称、规格、数量、质量已全部核验清楚。

（2）商品已根据物流的需要进行编码。

（3）商品外包装完好，标志清楚。

(4) 为便于机械化作业，准备堆码的商品已进行集装单元化。

2. 组托操作中的要求

(1) 堆码整齐，货物堆码后四个角分别呈直线对齐。

(2) 货物品种不混堆，规格型号不混堆，生产厂家不混堆，批号不混堆。

(3) 堆码既要合理又要牢固，要求奇偶压缝、旋转交错、缺口留中，整齐牢固。

(4) 堆码不能超出货架规定的高度。

知识点 2：组托示意图绘制

1. 组托示意图的类型

(1) 主视图：指从正前方观察完成组托货物绘制的示意图。

(2) 俯视图：指从正上方观察完成组托货物绘制的示意图（注意最后一层的货物摆放）。

(3) 奇数层俯视图：指第 1、3、5……层的货物摆放示意图（从正上方观察）。

(4) 偶数层俯视图：指第 2、4、6……层的货物摆放示意图（从正上方观察）。

组托示意图样式如图 4-1 所示。

奇数层俯视图

偶数层俯视图

主视图

图 4-1　组托示意图样式

2. 组托方式的计算

(1) 计算托盘每层最大摆放数量，国内通用托盘的标准尺寸有 1000mm×1200mm 和 1100mm×1100mm 两种；货物尺寸记为 Lmm×Wmm。

(2) 通过托盘堆码的高度、货架高度、货物高度、货物重量及托盘承重能力等计算货物组托最大层数。

(3) 如果是整托，每层货物摆放数量一致；如果是散托，注意最后一层货物的摆放方式。

3. 示意图的绘制步骤

(1) 计算所需托盘总数、整托每托的货物数量及散托货物数量；确认每层货物摆放方式。

(2) 用文档工具或专业绘图工具绘制示意图，将托盘尺寸和货物尺寸按比例绘制，并在图中标识。

(3) 为示意图配上合适的文字说明。

【例题】

托盘尺寸（L×W×H）：1200mm×1000mm×150mm；

托盘载重为 500kg；

货位参考尺寸（L×W×H）：2400mm×1000mm×1400mm，双货位（标准货位）；

组托货品：茄汁沙丁鱼罐头，包装规格（L×W×H）400mm×250mm×250mm，每箱重量 8kg，入库数 60 箱。

解：堆码高度极限为 1250mm，所以堆码层数极限为 $\lfloor$1250mm/250mm$\rfloor$=5 层；

托盘载重 500kg，所以每托最多堆 $\lfloor$500kg/8kg$\rfloor$=62 箱。

最大利用托盘平面，采用重叠式堆码：1200mm/400mm=3 箱；1000mm/250mm=4 箱；4×3=12 箱，因此每层可放置 12 箱。

综合考虑以上因素，茄汁沙丁鱼罐头实际堆码 60 箱，每层堆码 12 箱，一共堆 5 层，需要 1 个托盘。组托示意如图 4-2、图 4-3 所示。

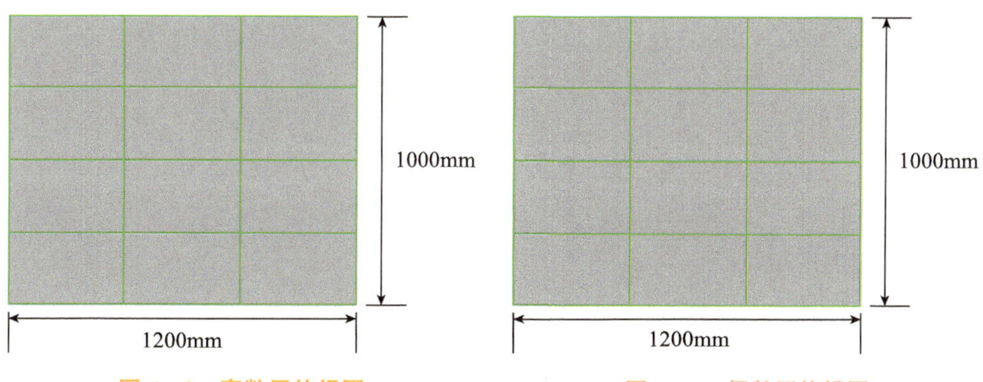

图 4-2 奇数层俯视图　　图 4-3 偶数层俯视图

知识点 3：组托常见问题

（1）堆码不合理、不牢固。

（2）堆码不整齐，四角没有呈直线对齐。

（3）缺口不留中。

（4）奇偶未压缝，对于缺乏稳定性的货物没有使用旋转交错的方式堆码。

（5）货物堆码超出货架规定高度。

知识点 4：上架作业

上架作业流程通常涉及以下步骤。

（1）核对商品信息。上架人员须从收货区开始核对商品，确保信息的准确性，同时检查码放标准，以判断是否可以安排上架。

（2）选择上架货位。根据商品的类型和大小选择合适的货位，对于整盘上架与整箱上架，可以是非空货位，确保空间大小合适；如果待上架的商品较小，应避免选择空货位。

（3）使用 PDA（掌上电脑）扫描。整盘上架时，上架人员需使用 PDA 进行托盘和目标货位的扫描，整箱上架时，扫描待上架的箱码，并进行上架信息的核对。

（4）商品码放。按照库内操作流程，将上架完成的商品整齐码放，确保托盘码、箱码等条码信息朝外，便于操作人员扫描。

（5）货位查询与核查。上架前利用系统货位查询功能快速找到合适的空货位，完成上架后，通过货位核查模块进行信息核对，确保数据的准确性。

（6）入库确认。使用 RF 终端进行货品入库确认。

任务实施

根据案例及相关知识点，讨论并完成以下任务。

1. 讨论组托方案并绘制组托示意图。

根据案例中的商品信息讨论各批商品的组托方案，并用制图工具绘制商品的组托示意图。

2. 讨论该批次商品上架流程并针对商品特性讨论货品上架注意事项。

任务评价

在完成上述任务后，教师组织进行三方评价，并对学生任务执行情况进行点评，共同完成任务评价表的填写。

表 4－7　　任务评价表

<table>
<tr><td>班级</td><td colspan="2"></td><td>团队名称</td><td colspan="2"></td><td>学生姓名</td><td></td></tr>
<tr><td>团队成员</td><td colspan="7"></td></tr>
<tr><td colspan="2">考评项目</td><td>分值</td><td>要求</td><td>学生自评（30%）</td><td>团队互评（30%）</td><td>教师评定（40%）</td></tr>
<tr><td rowspan="3">知识能力</td><td>组托方案合理</td><td>30 分</td><td>分析正确</td><td></td><td></td><td></td></tr>
<tr><td>组托示意图绘制准确</td><td>20 分</td><td>操作正确</td><td></td><td></td><td></td></tr>
<tr><td>上架流程准确</td><td>20 分</td><td>操作正确</td><td></td><td></td><td></td></tr>
<tr><td rowspan="3">职业素养</td><td>文明礼仪</td><td>10 分</td><td>形象端庄
文明用语</td><td></td><td></td><td></td></tr>
<tr><td>团队协作</td><td>10 分</td><td>相互协作
互帮互助</td><td></td><td></td><td></td></tr>
<tr><td>工作态度</td><td>10 分</td><td>严谨认真</td><td></td><td></td><td></td></tr>
<tr><td colspan="2">成绩评定</td><td>100 分</td><td></td><td></td><td></td><td></td></tr>
<tr><td>心得体会</td><td colspan="6"></td></tr>
</table>

1. 单项选择题

（1）我国托盘国家标准有（　　）两种规格。

A. 1100mm×800mm 和 1000mm×800mm

B. 1200mm×1000mm 和 1100mm×1100mm

C. 1000mm×1000mm 和 1100mm×1100mm

D. 1219mm×1016mm 和 1140mm×1140mm

（2）商品入库的基本流程是（　　）。

A. 入库前检查→签入库单→搬运到储位→货入储位→RF 终端货品核对

B. 入库前检查→RF 终端货品核对→搬运到储位→货入储位→签入库单

C. 入库前检查→搬运到储位→RF 终端货品核对→货入储位→签入库单

D. 入库前检查→搬运到储位→货入储位→签入库单→RF 终端货品核对

(3) 商品验收制是（　　）。

A. 仓储管理的核心

B. 确保入库商品数量准确、质量完好的前提

C. 仓库管理的关键

D. 商品入库的最后环节

2. 多项选择题

(1) 货物组托示意图主要包括（　　）。

A. 奇数层俯视图　　B. 偶数层俯视图　　C. 主视图　　D. 侧视图

(2) 接运的方式主要有（　　）。

A. 专用线接车　　B. 仓库自行接货

C. 码头接货　　D. 库内接货

(3) 下面属于货物上架流程的有（　　）。

A. 核对商品信息　　B. 选择货位　　C. 托盘堆码　　D. PDA 扫描

3. 判断题

(1) 验收就是只检验货物的质量是否合格。（　　）

(2) 商品入库前必须经过质量检验，并签署合格意见且确认数量后方能入库。（　　）

(3) 仓库管理工作就是做好收发货工作。（　　）

(4) 商品组托时可以少量超过托盘的最大承重。（　　）

(5) 接收经常性客户的货物时，为了提高检验效率，可以选择抽检的方式检查货品质量。（　　）

4. 案例分析题

接运异常分析

案例背景：储运公司与食品加工厂签订了食品原料仓储合同，约定由储运公司储存食品加工厂的生产原料，储运公司同时还为其他行业的客户提供仓储服务。2024 年 7 月 15 日，食品加工厂有 270 箱食品原料需要入库，在接运过程中，储运公司的质检员发现其中 6 箱货品有变质现象。

结合案例背景完成以下任务：

如果你是储运公司的接运员，发现问题后应该如何处理？

5. 技能训练题

现有 A、B、C、D、E、F、G、H 八种商品，其本月的出入库次数如表 4－8 所示，某仓库货位布置如图 4－4 所示，请你合理安排这八种商品在这段时间的货位，并填写表 4－9。

表 4-8　商品出入库次数

序号	商品品种	本月入库次数	本月出库次数	序号	商品品种	本月入库次数	本月出库次数
1	A	52	32	5	E	60	15
2	B	8	6	6	F	10	25
3	C	20	60	7	G	5	7
4	D	25	12	8	H	15	35

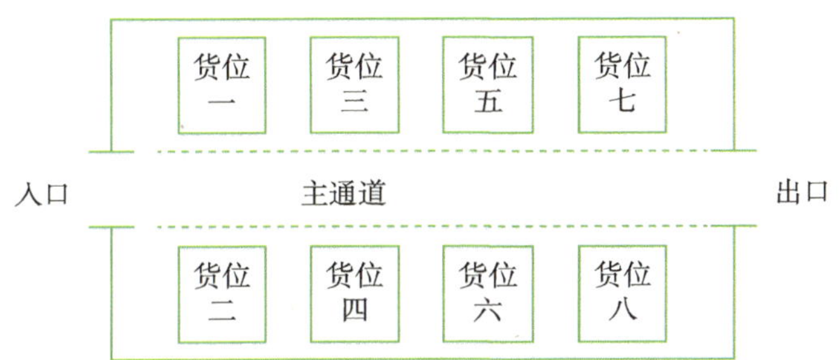

图 4-4　货位布置

表 4-9　储位分配表

序号	商品品种	本月入库次数	本月出库次数	入出库频率	货位分配
1	A				
2	B				
3	C				
4	D				
5	E				
6	F				
7	G				
8	H				

05 PROJ 项目五 在库作业

学习目标

◎知识目标

（1）了解盘点作业的原则和种类。

（2）了解移库的定义和目的，掌握货物移库作业前的准备工作。

（3）掌握补货作业采取的方式与补货作业时机。

（4）掌握库存的分类，了解库存管理的概念与方法。

（5）了解在库商品的概念和养护措施。

※能力目标

（1）能够掌握盘点作业的流程。

（2）能够根据实际情况对储存货物进行分类，并制定移库方案。

（3）能够熟悉移库作业的流程，会使用堆高车、RF 手持等设备并结合仓储管理系统完成移库作业。

（4）能够根据作业场景适时采取适合的补货作业方式。

（5）能够对在库商品进行科学养护。

❖思政目标

（1）引导学生树立正确的世界观、人生观和价值观。

（2）培养学生的社会责任感和创新精神，提高学生的综合素质。

（3）培养学生的社会主义核心价值观，增强学生社会责任感和家国情怀。

（4）培养学生劳模精神和工匠精神，增强劳动意识。

（5）培养学生创新精神，增强创新发展和绿色发展意识。

知识图谱

- 在库作业
  - 盘点作业
    - 盘点作业的定义
    - 盘点的原则
    - 盘点的种类
    - 盘点作业的流程
    - 盘点作业实施
  - 移库作业
    - 移库作业的定义
    - 移库的目的
    - 移库的方式
    - 移库前准备工作
    - 移库作业流程
    - 移库作业实施
  - 补货作业
    - 补货作业的概念
    - 补货作业的方式
    - 补货作业流程
    - 补货作业实施
  - 库存管理
    - 库存的定义
    - 库存的分类
    - 库存的作用和弊端
    - 库存管理的概念
    - 库存管理的方法
  - 养护作业
    - 养护作业的概念
    - 养护作业的目的
    - 商品质量及变化类型
    - 影响库存商品质量变化的因素
    - 商品养护的原则及基本措施

岗位分析

岗位1：质量管理员

岗位职责：参与制定企业质量管理文件，制定产品质量标准，协调生产与质量管理，确保质量管理制度得到准确执行并对执行情况进行监督、考核。发现、分析质量问题产生的原因，并形成质量风险预警，减少异常与失误，为管理层提供决策支持。

典型工作任务：严格实施质量方案，发现质量问题及时提出解决办法，修订质量标准，负责质量跟踪调查。

职业素质：思维缜密，逻辑清晰，有良好的分析能力，具备较强的责任心和团队精神，具备学习能力和规划能力。

职业能力：能够协助制定质量管理体系，推动完善管理标准、流程与制度。

可持续发展能力：通过持续学习先进标准与技术，提升数据分析和风险预判能力，并参与跨部门协作等，增强可持续发展能力。

岗位2：供应链管理员

岗位职责：负责供应商开发以及现有供应商资格管理；建立供应商档案，并随着合作进度进行供应商评价和评审；根据采购计划及需求向合格供应商下达采购订单，跟踪供应情况，按期完成。

典型工作任务：负责采购产品的质量控制工作，处理与供应商间的质量索赔，指导、督促供应商的质量体系建设，提高产品质量，负责供应商资格审查、验厂、供应商评定等工作。

职业素质：标准化作业意识、团队意识、较强的沟通能力、熟练的谈判技巧，具有较强的自驱力、执行力、适应力，敢于创新，乐于挑战。

职业能力：通过高效的供应商管理，在提高供应商服务水平的同时，不断降低采购成本，严格质量控制，做好检验工作。

可持续发展能力：能掌握在库作业流程，配合供应链主管制定整个供应链策略，协调各部门进行资源的合理调配。

项目导读

库存管理是在保证企业生产经营需要的前提下，保持库存在合理水平，根据库存动态管理订单，避免积压或短缺。此外，通过合理的库存管理，减少库存空间占用和总库存成本，在一定程度上控制存量资金占用，加快资金周转。最重要的是，库存管理能够解决库存过多或过少带来的问题，帮助企业加强仓库管理，进一步提高企业管理水平。

库存管理是企业运营中非常重要的一环，它直接关系着企业的生产、销售和利润，直接影响企业的经济效益和市场竞争力。因此，企业应该重视库存管理，加强库存管理，提高库存管理的水平。

任务一　盘点作业

任务描述

RFID 技术：为仓库盘点带来新的时代变革

RFID 技术在工业制造和日常生活中得到了广泛的应用。RFID 系统主要由三个部分组成：RFID 标签、RFID 天线和 RFID 读写器。利用 RFID 系统进行盘点作业如图 5－1 所示。

学习资料

在仓库盘点中，RFID 技术以其快速、高效的特点受到了广泛青睐。通过固定的 RFID 阅读器，工作人员可以快速地扫描标签，读取每个物品的标识信息。RFID 技术实现了数据采集和处理的自动化，大大提高了工作效率。

图 5－1　利用 RFID 系统进行盘点作业

此外，RFID 技术还具有抗干扰和耐用的特点。这一特点使 RFID 技术可以广泛应用于各种复杂的环境中，无论是在极端寒冷的场所，还是在高温、高湿的环境下。

任务要求：请以项目组为单位，认真阅读案例，结合 RFID 技术的特点进行分析，完成“任务实施”中的问题。

知识链接

知识点 1：盘点作业的定义

盘点作业是指对仓库内储存的货物实际数与财务账目（金额）定期或不定期地进行清点、核实和记录的过程。

盘点作业的主要目的是确保库存数据的准确性，及时发现库存管理中的问题，为决策提供依据，以便于企业对库存进行有效控制和管理。

知识点 2：盘点的原则

盘点的原则主要包括以下几点。

（1）及时性：盘点应当定期进行，确保库存信息的实时更新，及时发现并解决库存问题。

（2）细致性：盘点过程要细致入微，要对每一个库存物品进行详细核实，包括数量、质量、存放条件等，细致的盘点有助于发现潜在的问题，如商品损坏、过期等。

（3）准确性：在盘点过程中，要确保商品数量的准确性，防止漏盘、重盘等情况发生。

（4）全面性：盘点应涵盖仓库内的所有商品，包括原材料、成品、半成品等，确保所有商品均得到有效盘点。

（5）严格性：在盘点过程中，要严格执行盘点程序和规范，确保盘点作业的严谨性和严肃性。

知识点 3：盘点的种类（考证必备知识点）

1. 按时间跨度分类

（1）定期盘点：即在固定的时间点进行盘点，定期盘点有日盘点、月度盘点、季度盘点和年度盘点等，具体的时间跨度可以根据企业的实际情况确定。

（2）临时盘点：即不定期盘点，是企业根据自身实际情况进行的不定时盘点或者临时安排的盘点。进行临时盘点的原因一般有两种：一是核查，二是交接。

2. 按盘点内容分类

（1）全面盘点：是对在库的所有物料进行全部清盘的一种盘点方式，也是最有效、最彻底的盘点方式，但是投入的人力、物力最多，盘点成本也最高。

（2）重点盘点：是按照帕累托法则（二八原则）的思路，找出库存的重点物料（如收发频次高、容易损耗、价格昂贵的货物等），然后对这些重点物料进行定期或不定期的清盘对账，从而保证账实相符的一种盘点方式。

3. 按盘点的作用分类

分为循环盘点、永续盘点和低位盘点三种。

知识点 4：盘点作业的流程

1. 盘点前的准备工作

（1）制订盘点计划。

（2）分配工作任务。

（3）培训盘点人员。

（4）准备盘点工具，库存盘点明细表如表 5－1 所示。

表 5-1　　库存盘点明细

产品名称	产品编码	规格型号	单位	供应商	账上库存	实盘数量	盈亏数量	盘点状态	盘点人	备注
物料 1	P001	ABC	条	供应商 1	30	35	-5	盘盈		
物料 2	P002	ABC	条	供应商 2	165	164	1	盘亏		
物料 3	P003	ABC	件	供应商 3	85	83	2	盘亏		
物料 4	P004	ABC	件	供应商 4	57	50	7	盘亏		
物料 5	P005	ABC	条	供应商 5	170	175	-5	盘盈		

（5）清理仓库。

（6）核对库存记录。

2. 盘点实施

3. 数据收集与整理

4. 比对分析

5. 提交盘点报告

盘点具体作业流程如图 5-2 所示。

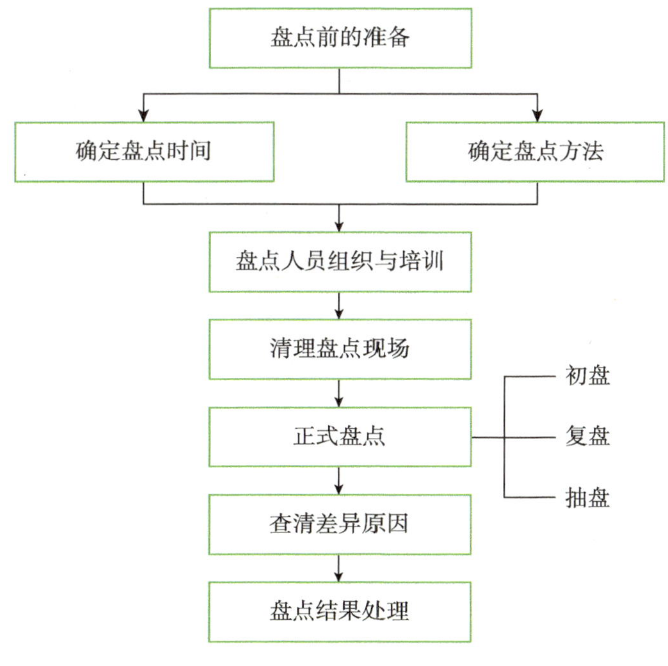

图 5-2　盘点作业流程

知识点 5：盘点作业实施

【任务背景】

在当天所有入库、出库等作业完成后，仓配中心主管要求信息员根据实际作业情况对电子标签拣选区进行盘点，完成电子标签拣选区的盘点作业，并打印和提交盘点结果单。电子标签拣选区的储位分配情况如表 5 - 2 所示。

表 5 - 2　　电子标签拣选区储位分配情况

储位编码	货品条码	货品名称	数量	品类	补货点	单位	箱装数
A00000	6922266443770	清风卷纸 4 层 120g	9	日用品	5	卷	5
A00001	6922366443770	清风绿装 4 层 120g	8	日用品	2	卷	4
A00002	6922466443770	清风质感纯品 4 层 120g	7	日用品	4	卷	5
A00003	6921168593002	怡泉苏打碳酸饮料汽水 550ml	4	饮料	3	瓶	5
A00004	6921168693002	怡泉无糖柠檬味苏打水 550ml	7	饮料	2	瓶	5
A00005	6922255447833	蓝山风味速溶咖啡 350g	8	饮料	3	瓶	5
A00100	6922566443770	清风原木纯品 4 层 120g	8	日用品	3	卷	5
A00101	6922666443770	清风起柔系列 4 层 120g	8	日用品	5	卷	5
A00102	6922766443770	清风超韧纸品 4 层 120g	3	日用品	5	卷	5
A00103	6922256447833	蓝山风味速溶咖啡 450g	9	饮料	3	瓶	5
A00104	6902538004045	康师傅饮料水蜜桃味	8	饮料	5	瓶	8
A00105	6902538104045	康师傅饮料蜜桃味	7	饮料	3	瓶	8

【任务实施过程】

1. 盘点单录入

在系统主界面选择【盘点单】按钮进入新增盘点单界面，如图 5 - 3 所示。

点击【新增】按钮进入盘点单录入界面，如图 5 - 4 所示。

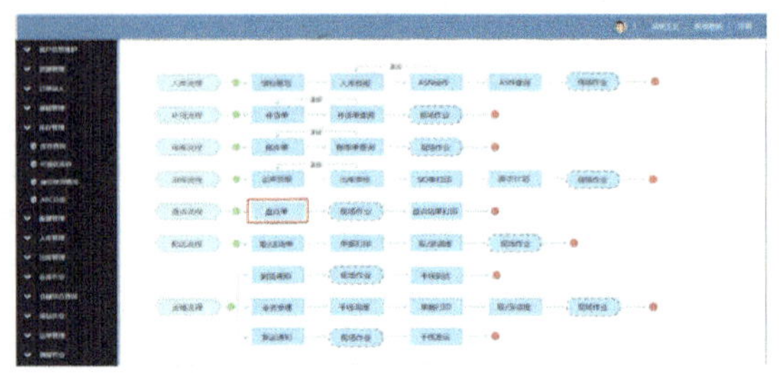

图 5 - 3　系统主界面

图 5 - 4　新增盘点单

在盘点任务界面，填写盘点任务的基础信息，包括库房、盘点区域、盘点方式（电子标签拣选区选择“明盘”）、负责人等信息，填写完成后点击【保存订单】按钮，如图 5－5 所示。

选中需要执行盘点作业的订单，点击【发送审核】按钮，提交后的订单信息会下发到对应负责人的手持终端（手持系统），负责人根据盘点单内容对目标区域的货品进行盘点，如图 5－6 所示。

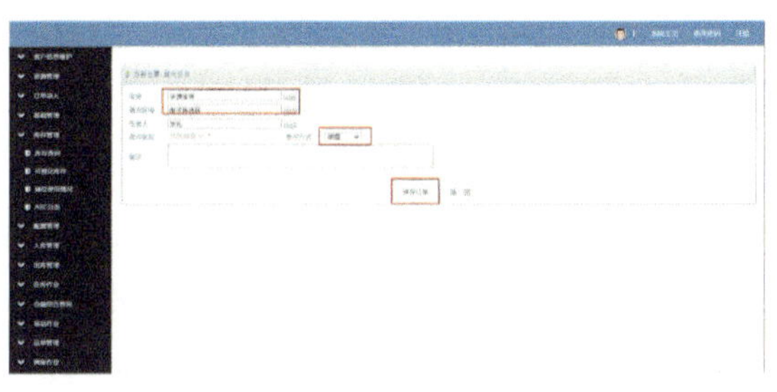

图 5－5　盘点单录入

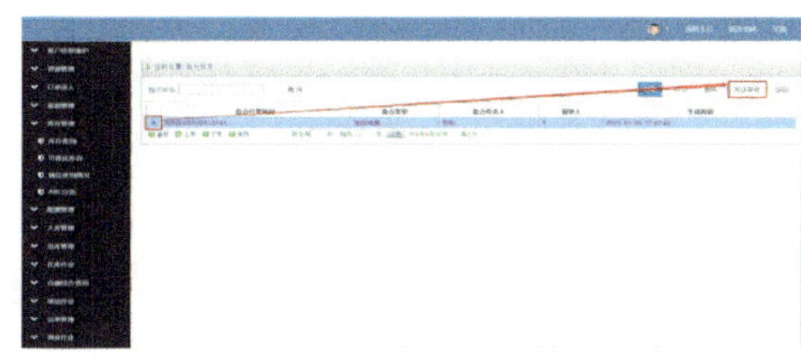

图 5－6　发送审核

2. 盘点作业

登录手持系统点击【仓储】，进入仓储手持界面，如图 5－7 所示。选择【盘点作业】，进入盘点作业界面，选中作业信息，点击【开始】按钮，启动盘点任务，如图 5－8 所示。

电子标签拣选区的盘点作业需要在场地进行盘点，现场盘点完成后在仓储手持系统中点击【完成】按钮，完成盘点操作，如图 5－9 所示。

图 5－7　仓储手持界面

图 5－8　盘点任务开始

图 5－9　盘点任务完成

任务实施

阅读案例《RFID 技术：为仓库盘点带来新的时代变革》，回答以下问题：

1. RFID 技术具有哪些优势？

____

____

____

2. RFID 技术在智慧仓储运营中有哪些价值？

____

____

____

任务评价

在完成上述任务后，教师组织进行三方评价，并对学生任务执行情况进行点评，共同完成任务评价表的填写。

表 5－3　　任务评价表

<table>
<tr><td>班级</td><td></td><td>团队名称</td><td colspan="2"></td><td>学生姓名</td><td></td></tr>
<tr><td>团队成员</td><td colspan="6"></td></tr>
<tr><td colspan="2">考评项目</td><td>分值</td><td>要求</td><td>学生自评
（30%）</td><td>团队互评
（30%）</td><td>教师评定
（40%）</td></tr>
<tr><td rowspan="2">知识能力</td><td>对 RFID 技术优势分析准确</td><td>30 分</td><td>分析正确</td><td></td><td></td><td></td></tr>
<tr><td>对 RFID 技术价值分析准确</td><td>40 分</td><td>分析正确</td><td></td><td></td><td></td></tr>
<tr><td rowspan="3">职业素养</td><td>文明礼仪</td><td>10 分</td><td>形象端庄
文明用语</td><td></td><td></td><td></td></tr>
<tr><td>团队协作</td><td>10 分</td><td>相互协作
互帮互助</td><td></td><td></td><td></td></tr>
<tr><td>工作态度</td><td>10 分</td><td>严谨认真</td><td></td><td></td><td></td></tr>
<tr><td colspan="2">成绩评定</td><td>100 分</td><td></td><td></td><td></td><td></td></tr>
<tr><td>心得体会</td><td colspan="6"></td></tr>
</table>

任务二　移库作业

任务描述

优化“空间”和“货位”——提升仓储效率

学习资料

杭州某电子元器件制造企业，原先规划的只有 1000 平方米的存放区域，淡季时还能使用，一到旺季，就随意存放，连消防通道都不放过。这样的存储方式可想而知，在发货时完全无法先进先出，而且因为随意阻塞通道，仓管员找货、拣货都十分困难，有时甚至要拉出整个过道的货物才能找到。

最简单的优化方案，就是进行货架堆垛的改造，提升仓库的容积率（见图 5-10）。比如这家电子元器件制造企业，根据天花板的高度，可以设置三层货架（货物离天花板保持 50 厘米以上的距离），这样一来，存放面积就从原来的 1000 平方米变成了 3000 平方米，根据商品的周转率，进行 ABC 分析，对商品进行移库作业，可以将库存商品合理地分配到不同的仓库或存储区域，以满足销售、生产等环节的需求。过道的阻塞不再出现，货物的流转也快了起来，也能合理地配置仓管员人数。

图 5-10　货架堆垛

其实，货架的空间改造成本并不十分昂贵，中小企业若能改善，将大大缩短其他仓储环节与销售、生产运转的冲突，提升效率的同时也降低了一定的物流运转成本。

作为一名仓储主管，一定要牢记一点，通过科学技术来推动仓储管理的新变革，才能真正做到企业仓储高效管理，节约企业成本的同时实现仓储管理的最优化。

任务要求：请以项目组为单位，认真阅读案例，结合移库作业的目的进行分析，完成“任务实施”中的问题。

知识链接

知识点 1：移库作业的定义

移库作业是在库作业中非常重要的作业活动，在仓库管理过程中，随时会出现货品混杂、空仓、乱堆放、占用通道等现象，因此，作为仓库管理人员，要及时做好货物移位的工作。

移库作业是指根据仓库内货物质量变化、货物放置错误、储位变更等情况而进行储位调整。简单来说，就是将货物从一个库存位置转移到另一个库存位置的过程。

知识点 2：移库的目的

1. 优化库存布局

根据商品的周转率，进行 ABC 分析，对商品进行储位的移动，可以将库存商品合理地分配到不同的仓库或存储区域，以满足销售、生产等环节的需求。

2. 提高仓储效率

移库可以促使企业对库存商品进行定期整理和检查，及时处理滞销、过期等商品，从而提高库存周转率，降低库存积压风险，减少资金占用，提高企业经济效益。

知识点 3：移库的方式

一般情况下，移库主要分为同一仓库内移库和不同仓库间移库，不同的方式对应着不同的移库操作。

1. 同一仓库内移库

仓库移库员在同一实物仓库内进行货物储位移动的处理过程。

2. 不同仓库间移库

属于同一企业的不同仓库间的移库操作，主要分为移出库和移入库。

知识点 4：移库前准备工作

移库前的准备工作主要包括以下几个方面。

1. 库存物品清点

对现有库存商品进行清点，记录商品名称、数量、规格型号、存放位置等信息，核对清点结果与系统库存记录是否一致。

2. 制订移库计划

根据库存状况、生产需求和仓库容量等因素，制订合理的移库计划。

3. 人员和设备准备

根据移库计划，合理安排参与移库的人员，明确各自职责和任务分工。同时，准备好移库作业所需设备。

知识点 5：移库作业流程

1. 编制移库作业申请单

编制移库作业申请单，包括移库作业的日期、商品名称、规格型号、源库位、数量、单位及目标库位等。移库作业申请单如表 5－4 所示。

表 5－4　　移库作业申请单

移库作业申请单							
					移库日期：	年　　月	日
序号	商品名称	规格型号	源库位	数量	单位	目标库位	备注
1							
2							
3							
总计							
制单：		仓库人员：			财务：		

2. 商品分类和打包

根据商品的性质、大小、重量、存储要求等因素，对需要移库的商品进行合理分类和标识整理，以便后续打包和搬运。

3. 运输和搬运

根据移库的距离、路况、商品性质等因素，选择合适的运输工具；规划库位之间的最优运输路线，使用适当的搬运工具和设备，避免确保运输过程中出现拥堵和延误等情况。

4. 新库位整理和标识

在新库位上按照分类和存储要求对商品进行整理，确保商品摆放整齐有序；对新库位进行标识，包括库位编号、存储商品类型及数量等信息，以便后续查找和管理。

5. 验收反馈

完成移库后，对目标仓库的商品进行验收，及时更新库存记录，确保商品的准确性和完整性；对移库作业进行总结，收集反馈意见，不断优化移库流程，提高工作效率。

知识点 6：移库作业实施

【任务背景】

（1）货品的存放符合分区要求，日用品类货品存放于 A 区，其他类货品存放于 B 区。

（2）根据 ABC 分类的分类结果，将 A 类货品放置在货架第一层，B 类货品放置在货架第二层，C 类货品放置在货架第三层。

（3）因不符合分区要求或 ABC 分类要求而需要进行移库的托盘，按照相同名称货品相邻的方式存放，且批号小的放在货位号相对小的货位。

根据货品 ABC 分类信息，需要进行移库的货品信息如表 5－5 所示。

表 5-5　　移库货品信息

序号	货品信息	源储位	目标储位
1	清风绿装 4 层 120g（7 箱）[20201220]	A00202	A00002
2	清风质感纯品 4 层 120g（4 箱）[20201205]	A00205	A00000
3	清风原木纯品 4 层 120g（9 箱）[20201220]	A00103	A00205
4	怡泉无糖柠檬味苏打水 550ml（9 箱）[20200318]	A00101	B00000
5	怡泉无糖柠檬味苏打水 550ml（7 箱）[20200417]	A00100	B00001

由于清风原木纯品 4 层 120g 的目标储位被清风质感纯品 4 层 120g 占用，因此需要先把清风质感纯品 4 层 120g 进行移库后再进行清风原木纯品 4 层 120g 的移库作业。任务实施过程中以清风绿装 4 层 120g、清风质感纯品 4 层 120g 和怡泉无糖柠檬味苏打水 550ml 的移库作业为例，清风原木纯品 4 层 120g 的移库作业操作类似。

【任务实施过程】

1. 录入移库作业单

在系统主界面点击【移库单】，进入移库订单新增界面，如图 5-11 所示。进入下一级界面，点击【新增】按钮新增移库作业单。

仓管员按照指令填写移库相关信息，在基本信息中填写库房移动情况后，在“源储位”中，点击【查询库存】，查询目标库房货品的库存情况，根据移库作业要求进行移库，点击要移库货品右侧的上移箭头，货品信息将显示到“目标储位”区域中，在“目标储位”下点击【选择】按钮选择对应的目标储位，移库信息填写完成后，点击【保存】按钮。根据移库信息表可知，A00205 既是源储位，又是目标储位，因此应先将 A00205 源储位货物移出，再进行 A00205 目标储位的移库操作，如图 5-12 所示。

图 5-11　系统主界面—移库单

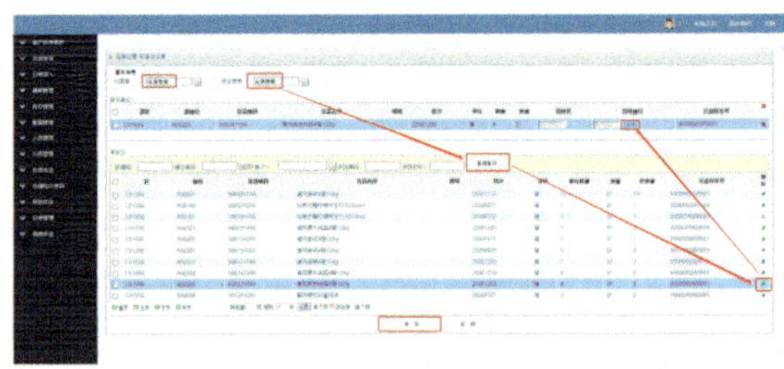

图 5-12　移库明细 1

移库订单录入完成后，进入移库作业单提交界面，信息员在系统中提交移库作业单。选中订单信息，点击【指令下达】按钮下达移库指令，如图 5-13 所示。

完成上述操作后，将剩余的 4 个货品进行移库操作，如图 5-14 所示。

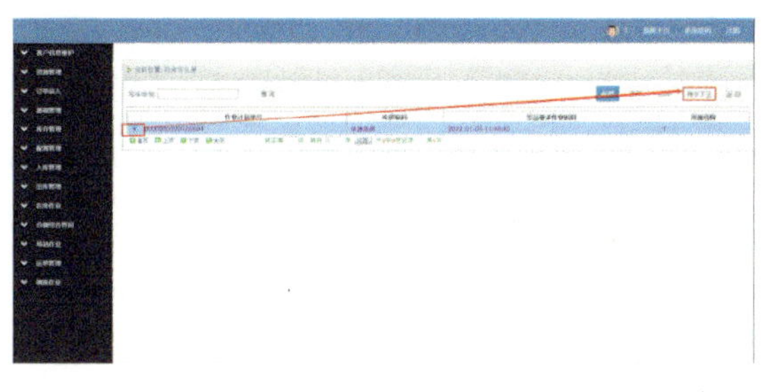

图 5 - 13　指令下达

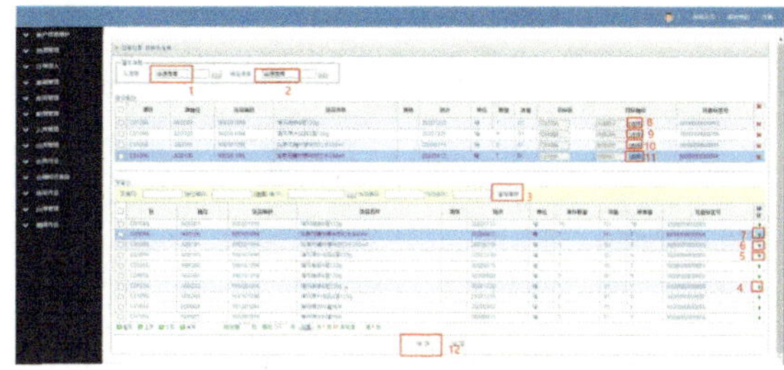

图 5 - 14　移库明细 2

2. 移库作业

登录手持系统，点击【仓储】，进入仓储作业的操作界面后，选择【移库作业】，进入移库作业界面，如图 5 - 15 所示。选中作业信息，点击【开始】按钮，启动移库任务。

在“移库作业 ”界面扫描托盘标签，根据提示扫描源储位、目标储位（注：此处须手动输入界面中红色字体的储位号），使用堆高车/叉车将货品移动至目标储位，货品移动完成后，点击【确定】按钮，完成移库作业。如图 5 - 16 所示。

图 5 - 15　手持移库作业

移库作业

托盘标签　8000000000006

货品名称　清风原木纯品4层120g

货品数量　9

源储位　A00103　A00103

目标储位　A00205　A00205

确定

托盘编号　8000000000006

储位编号　A00103

货品名称　清风原木纯品4层120g × 9

图 5 - 16　移库确认

任务实施

阅读案例《优化“空间”和“货位”——提升仓储效率》，回答以下问题：

1. 该电子元器件制造企业库房存在哪些问题和隐患？

____

____

____

2. 通过哪些方法来优化“空间”和“货位”？

____

____

____

任务评价

在完成上述任务后，教师组织进行三方评价，并对学生任务执行情况进行点评，共同完成任务评价表的填写。

表 5-6　　任务评价表

班级		团队名称			学生姓名	
团队成员						
考评项目		分值	要求	学生自评（30%）	团队互评（30%）	教师评定（40%）
知识能力	对存在问题分析准确	30 分	分析正确			
	对优化措施要点分析准确	40 分	分析正确			
职业素养	文明礼仪	10 分	形象端庄 文明用语			
	团队协作	10 分	相互协作 互帮互助			
	工作态度	10 分	严谨认真			
成绩评定		100 分				
心得体会						

任务三　补货作业

任务描述

蚂蚁机器人发布上存下拣智能拣选解决方案

学习资料

仓储物流业态的不断发展对仓储业务的柔性和效率提出了更高的要求，如何在有限的空间内提高仓储能力？如何打造柔性更高的拣选模式？

直面仓储数字化发展痛点，蚂蚁机器人推出了具备高效率、高兼容、高存储、高柔性、高回报的“五位一体”的上存下拣智能拣选解决方案（见图 5-17），兼具高密度存储和高效率“货到人”拣选功能，颠覆性降低运营成本。

上存：使用料箱机器人实现高位、高密度存储料箱（纸箱），充分利用仓库高度空间。

下拣：使用“潜伏式 AGV+料架”的形式来实现拣选物料的快速出入库和预分拣暂存，充分发挥潜伏式 AGV 快速灵活的搬运特点，实现从高位仓库到拣选位/出入库站点的接驳搬运。

图 5-17　上存下拣智能拣选解决方案

应用上存下拣智能拣选解决方案后，仓库存储容量提升 52%，充分利用仓库高度，建设成本节约 10%，出库预分拣，提高货架命中率，节省 AGV 数量和切换次数，作业效率提升 50%，人力需求减少 33%，同时人员无须登高，运行成本节省 50%，设备数量减少，耗电量减少。

任务要求：请以项目组为单位，认真阅读案例，结合上存下拣智能拣选方案的特点和运行原理进行分析，完成“任务实施”中的问题。

知识链接

知识点 1：补货作业的概念

补货作业是将货物从仓库保管区域搬运到拣货区的工作。当仓库模式为存拣分离的时候，会有对应的补货任务。

知识点 2：补货作业的方式

1. 整箱补货

将货物由保管区补货到拣货区（动管区）。这种补货作业方式的保管区为货架储放区，动管区为两面开放的流动式货架拣货区，拣货员拣货之后把货物放入输送机并运送到出货区，当动管区的存货低于设定标准时，则进行补货作业。整箱补货作业方式如图 5 - 18 所示。

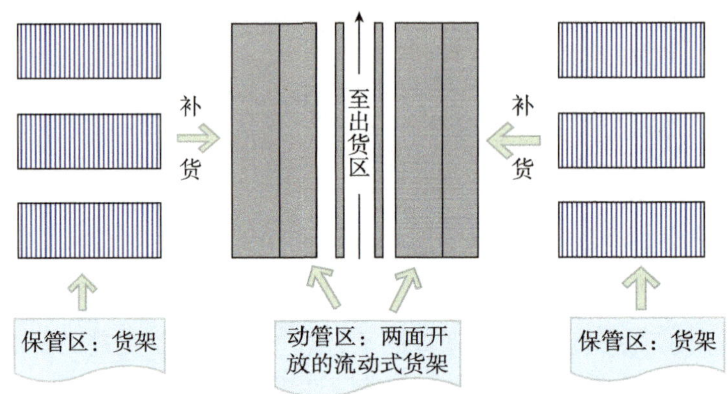

图 5 - 18　整箱补货作业方式

2. 托盘补货

这种补货作业方式是以托盘为单位进行补货。当动管区存货量低于设定标准时，立即补货，使用堆垛机把托盘由保管区运到动管区。这种补货作业方式适合体积大或出货量多的货品。托盘补货作业方式如图 5 - 19 所示。

3. 货架上层—货架下层补货

此种补货作业方式保管区与动管区属于同一货架，也就是将同一货架的中下层作为动管区、上层作为保管区，而进货时则将动管区放不下的多余货箱放到上层保管区。货架上层—货架下层补货作业方式如图 5 - 20 所示。

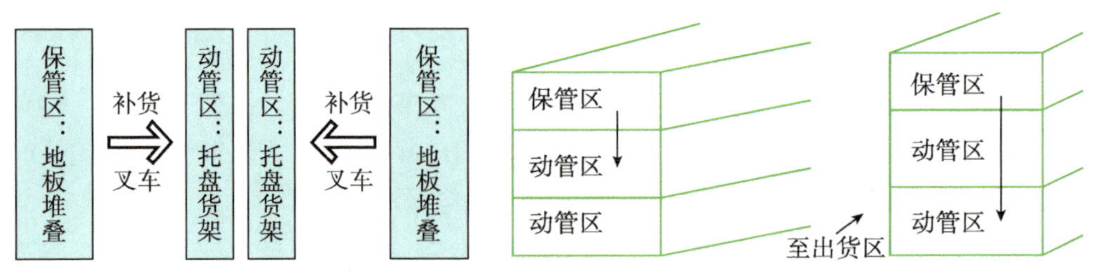

图 5 - 19　托盘补货作业方式

图 5 - 20　货架上层—货架下层补货作业方式

知识点 3：补货作业流程

（1）客户订单分析：了解客户的订单需求，以便为他们提供合适的补货方案。

（2）检查库存：根据现有库存情况，评估哪些商品需要补充库存。

（3）制订补货计划：根据需求分析和库存情况，制订详细的补货计划。

（4）进行补货作业：选择好补货的时机和方式，根据制订的计划，按照任务要求，前往相应的货架或仓库，进行商品补货作业。

（5）货物验收：收到货物后进行验收，确保货物数量和质量符合要求，如有问题，及时与供应商协商处理。

(6) 入库上架：将验收合格的商品入库上架，及时更新库存记录，确保库存数据的准确性。

补货作业流程如图 5 - 21 所示。

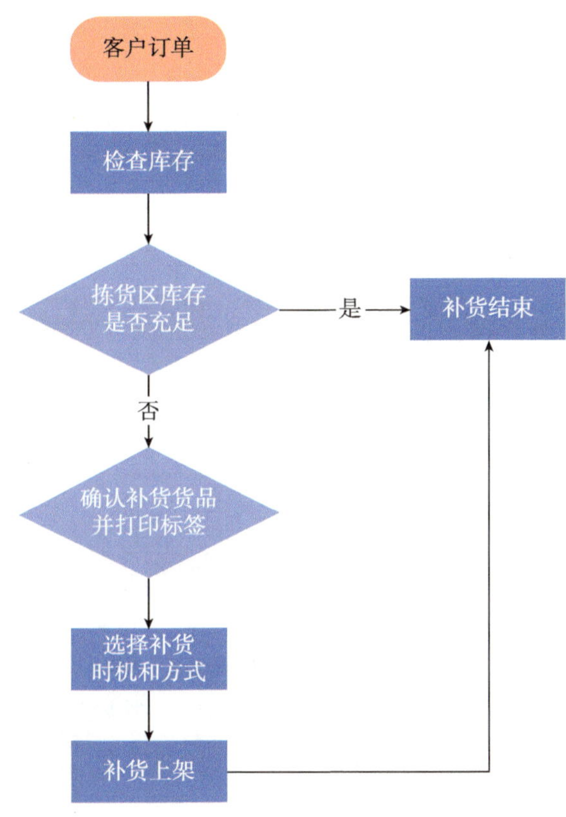

图 5 - 21 补货作业流程

知识点 4：补货作业实施

【任务背景】

2021 年 4 月 30 日，华源库房信息员发现完成出库作业后，电子标签拣选区的部分货品可能存在库存不足需要进行补货的情况，现需要根据电子标签拣选区的库存信息（见表 5 - 7）及出库信息（见表 5 - 8、表 5 - 9、表 5 - 10）确定补货明细并完成补货作业，具体信息如下。

表 5 - 7 电子标签拣选区储位分配情况

储位编码	货品条码	货品名称	数量	品类	补货点	单位	箱装数
A00000	6922266443770	清风卷纸 4 层 120g	9	日用品	5	卷	5
A00001	6922366443770	清风绿装 4 层 120g	8	日用品	2	卷	4
A00002	6922466443770	清风质感纯品 4 层 120g	7	日用品	4	卷	5
A00003	6921168593002	怡泉苏打碳酸饮料汽水 550ml	4	饮料	3	瓶	5
A00004	6921168693002	怡泉无糖柠檬味苏打水 550ml	7	饮料	2	瓶	5

续表

储位编码	货品条码	货品名称	数量	品类	补货点	单位	箱装数
A00005	6922255447833	蓝山风味速溶咖啡 350g	8	饮料	3	瓶	5
A00100	6922566443770	清风原木纯品 4 层 120g	8	日用品	3	瓶	5

表 5－8　出库订单 1

客户指令号	CK2021043001	客户名称		华夏集团	紧急程度	一般
库房	华源库房	出库类型		正常出库	是否送货	是
收货人	物美超市（东蒲桥店）					
预计出库时间	2021 年 4 月 30 日					
货品条码	货品名称		单位	数量	批号	备注
6922266443770	清风卷纸 4 层 120g		箱	7		
6921168693002	怡泉无糖柠檬味苏打水 550ml		瓶	2		
6922256447833	蓝山风味速溶咖啡 450g		瓶	2		

表 5－9　出库订单 2

客户指令号	CK2021043002	客户名称		华夏集团	紧急程度	一般
库房	华源库房	出库类型		正常出库	是否送货	否
收货人	物美超市（建国门店）					
预计出库时间	2021 年 4 月 30 日					
货品条码	货品名称		单位	数量	批号	备注
6922566443770	清风原木纯品 4 层 120g		箱	4	20201220	
6922266443770	清风卷纸 4 层 120g		卷	3		
6921168593002	怡泉苏打碳酸饮料汽水 550ml		瓶	7		

表 5－10　出库订单 3

客户指令号	CK2021043003	客户名称		华夏集团	紧急程度	一般
库房	华源库房	出库类型		正常出库	是否送货	否
收货人	物美超市（崇文门店）					
预计出库时间	2021 年 4 月 30 日					
货品条码	货品名称		单位	数量	批号	备注
6922466443770	清风质感纯品 4 层 120g		卷	4		
6922566443770	清风原木纯品 4 层 120g		箱	2	20201220	
6922266443770	清风卷纸 4 层 120g		卷	8		
6902538004045	康师傅饮料水蜜桃味		瓶	4		
6922766443770	清风超韧纸品 4 层 120g		卷	4		

【任务实施过程】

由出库订单可知，清风质感纯品 4 层 120g 的出库总量为 4 卷，剩余库存量为 3 卷，小于补货点数量，至少需要补 1 卷，补货的最小单位是“箱”，所以针对电子标签拣选区清风质感纯品 4 层 120g 补货数量为 1 箱。经过计算，怡泉苏打碳酸饮料汽水 550ml 补货量为 2 箱、清风卷纸 4 层 120g 的补货量为 2 箱。清风原木纯品 4 层 120g 为整箱出库，因此不作补货考虑。补货明细如表 5-11 所示。

表 5-11　　补货明细

储位编码	货品条码	货品名称	补货数量（箱）	补货点	单位	箱装数
A00002	6922466443770	清风质感纯品 4 层 120g	1	4	卷	5
A00003	6921168593002	怡泉苏打碳酸饮料汽水 550ml	2	3	瓶	5
A00000	6922266443770	清风卷纸 4 层 120g	1	5	卷	5

注：以下任务实施以清风质感纯品 4 层 120g 为例进行补货作业，其他货品操作类似。

1. 录入补货单

仓管员在系统主界面点击【补货单】按钮，进入新增补货单界面，如图 5-22 所示。

点击【新增】按钮，进入补货作业信息录入界面，在基本信息下选择库房编码，在“库存信息”下选择补货货品，并在“补货量”中填写补货数量，点击【增加】按钮，该条补货信息会出现在补货明细列表中，完成补货信息的添加。待所有补货信息确认无误后，点击界面下方的【保存】按钮，保存当前补货订单。如图 5-23 所示。

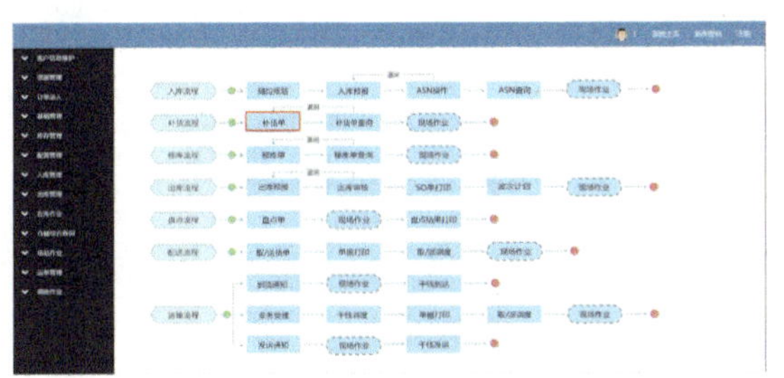

图 5-22　系统主界面—补货单

图 5-23　补货明细

仓管员保存订单后，选中补货作业计划单，点击【补货作业单提交】按钮提交补货任务。如图 5-24 所示。

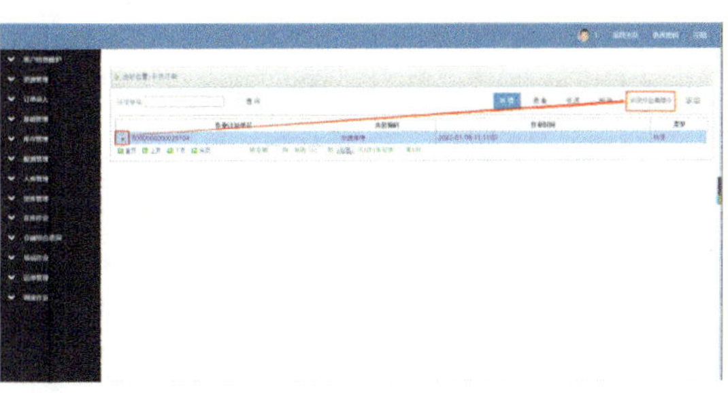

图 5-24　提交补货作业单

2. 下架作业

登录手持系统，点击【仓储】，进入仓储界面，仓管员进入仓储系统后，选择【下架作业】，如图 5-25 所示。扫描托盘标签，确认货品的储位信息，点击【确定】按钮确认下架，如图 5-26 所示。直至完成所有待补货货品的下架操作后，系统将直接返回至上一界面。

仓储
入库理货
入库搬运
入库上架
移库作业
补货作业
盘点作业
出库理货
下架作业
搬运作业

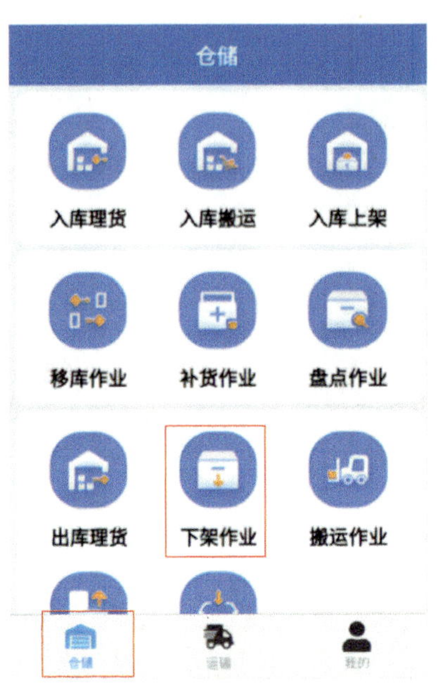

图 5-25　进入系统—下架作业

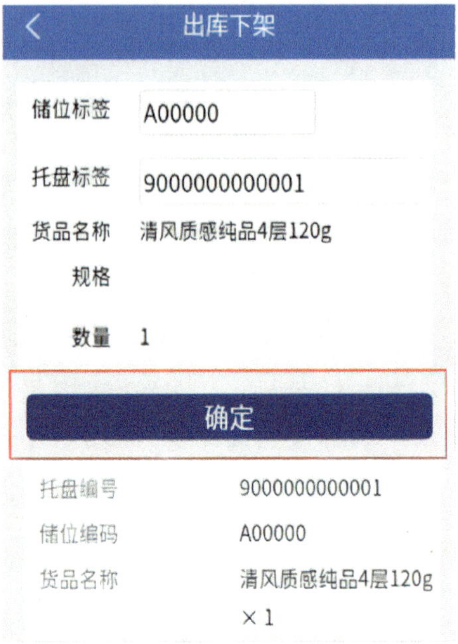

出库下架
储位标签
A00000
托盘标签
9000000000001
货品名称
清风质感纯品4层120g
规格
数量
1
确定
托盘编号
9000000000001
储位编码
A00000
货品名称
清风质感纯品4层120g
×1

图 5-26 下架确认

3. 搬运作业

仓管员在手持系统中，扫描待搬运的货品信息，确认货品搬运的目标区域。在仓储界面点击【搬运作业】，扫描托盘标签，查看待搬运的货品信息，点击【确定】按钮，完成所有待搬运货品的搬运操作。如图 5-27、图 5-28 所示。

仓储
入库理货
入库搬运
入库上架
移库作业
补货作业
盘点作业
出库理货
下架作业
搬运作业

图 5-27　搬运作业

搬运作业
托盘标签
9000000000001
货品名称
清风质感纯品4层120g
数量
1
到达地点
补货暂存区
确定
托盘编号
9000000000001
货品名称
清风质感纯品4层120g
×1
状态
搬运

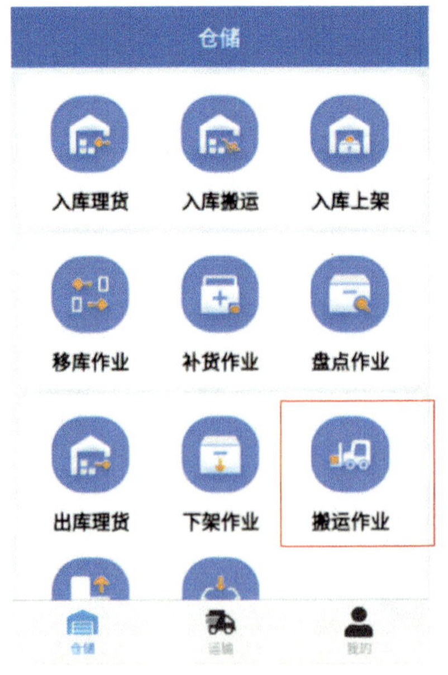

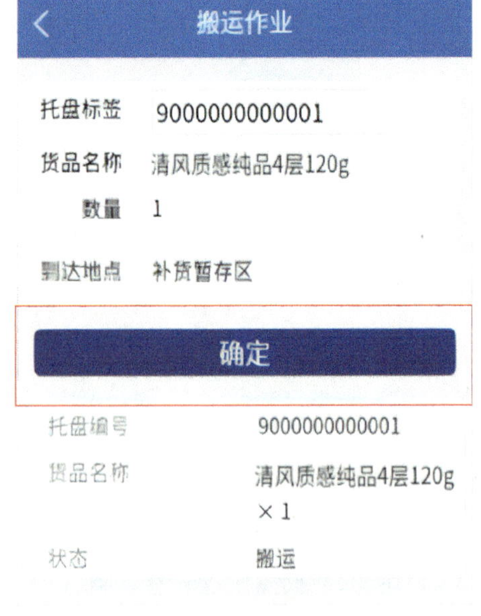

图 5-28 搬运确认

完成搬运作业后，若托盘有剩余的货品，则会有“返库 ”提示，需要进行返库搬运、上架作业。返回上一界面，点击【返库上架】按钮，扫描托盘标签（可手动输入），输入提示的区储位编码，点击【确定】，直到该界面无货品信息提示，则表示所有货品返库上架完成。如图 5－29、图 5－30、图 5－31 所示。

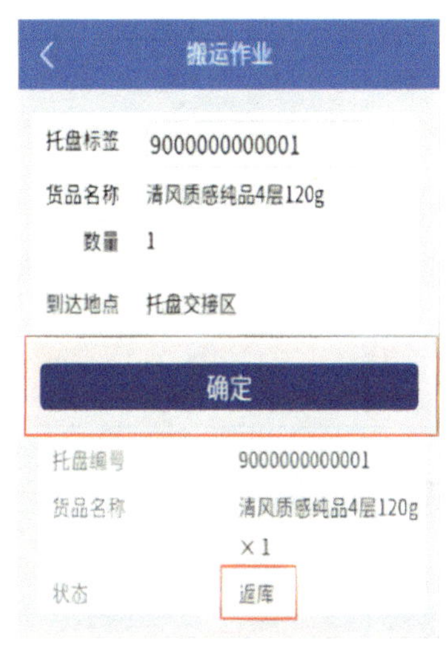

图 5－29 返库提示

图 5－30 返库上架

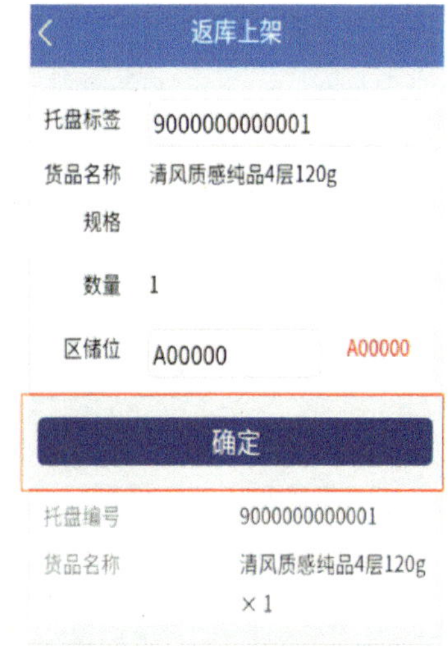

图 5－31 返库确认

4．补货上架

仓管员返回系统主界面，选择【补货作业】，进入界面后，输入货品条码（货品条码可在系统中“库存管理 ”下的“库存查询 ”中查询）和数量，根据提示输入目标储位，信息核对无误后，点击【确定】按钮完成补货作业。若有多个货品需要补货，重复上述操作即可。如图 5－32、图 5－33 所示。

图 5－32 补货作业

图 5－33 补货确认

任务实施

阅读案例《蚂蚁机器人发布上存下拣智能拣选解决方案》，回答以下问题：

1. 上存下拣智能拣选解决方案中的“上存”和“下拣”分别指的是什么？

____

____

____

2. 上存下拣智能拣选解决方案适用于哪些场景？

____

____

____

3. 上存下拣智能拣选解决方案的优势有哪些？

____

____

____

任务评价

在完成上述任务后，教师组织进行三方评价，并对学生任务执行情况进行点评，共同完成任务评价表的填写。

表 5-12 任务评价表

班级		团队名称		学生姓名		
团队成员						
考评项目		分值	要求	学生自评（30%）	团队互评（30%）	教师评定（40%）
知识能力	对上存下拣要点分析准确	30 分	分析正确			
	对方案适用场景分析准确	20 分	分析正确			
	对方案优势分析准确	20 分	分析合理			

续表

职业素养	文明礼仪	10 分	形象端庄 文明用语			
	团队协作	10 分	相互协作 互帮互助			
	工作态度	10 分	严谨认真			
成绩评定		100 分				
心得体会						

任务四　库存管理

任务描述

快速反应的供应链大揭秘

某西班牙著名时尚品牌，在全球 40 多个国家拥有近千家直营专卖店，并以每周开一家新店的速度向全球扩张，该品牌自创立以来，便以快速反应著称于流行服饰业界。

学习资料

该品牌的供应链主要由四个环节组成：产品开发、生产制造、物流配送以及专卖店直销四个关键环节。在这四个环节中，“快速”这一战略核心自始至终都被清晰、明确地贯彻执行，最终形成了具有强大竞争优势的极速供应链系统，创造出令同行惊叹的速度：每年提供 12000 种不同的款式供顾客选择；从设计理念到成品上架仅需十几天；所有专卖店能做到商品每周更新两次；能够在 15 天内将成衣配送到全球 850 多家门店。该品牌和国内企业的供应链运转速度对比如表 5－13 所示。

表 5－13　该品牌和国内企业的供应链运转速度对比

核心指标	该品牌	国内其他服装企业
从设计理念到上架	平均 10～14 天	大多数服装企业需要 6～9 个月
库存周转	每年库存周转达到 12 次左右	国内大多数服装企业是 0.8～1.2 次
产品品种（每年）	每年推出 12000 多种产品	运作一流的服装企业平均能推出 3000～4000 款；多数服装企业不到上千款

该品牌供应链的速度令人眩晕，那么，是什么原因使其产品设计、生产、配送和销售环节能迅速融为一体，供应链“转”得如此之快呢？事实上，其供应链的极速表现很大程度上要归功于其独特的供应链管理：强大的供应链管理系统及 IT 系统的支撑，这使其成为全球服装行业中，响应速度与弹性管理的标杆企业，这背后的秘密是什么？让我们深入探讨。

任务要求：请以项目组为单位，认真阅读案例，结合库存管理的重要性和管理方法进行分析，完成“任务实施”中的问题。

知识链接

知识点 1：库存的定义

库存是指企业在生产经营过程中，为保证生产正常进行和满足市场需求而储备的物资和产品。

知识点 2：库存的分类

库存可以根据不同的标准进行分类。具体如下。

1. 按照库存在生产和配送中所处的状态分类

（1）原材料库存：企业购买用于制造产品的物品，以及供生产耗用的辅助性材料等。

（2）在制品库存：存在于企业的生产物流阶段，包括处在产品生产不同阶段的半成品。

（3）维修库存：指用于维修与养护的、经常消耗的物品或部件，如机器零件。

（4）产成品库存：指准备运送给消费者的产品，通常由与销售相关的职能部门控制。

2. 按照库存的作用分类

（1）周转库存：补货过程中产生的库存。

（2）安全库存：由于生产需求存在着不确定性，为了应对需求、生产周期或供应周期的不确定性而设置的库存。

（3）调节库存：为了调节需求或供应的不均衡、生产速度与供应速度不均衡以及各个生产阶段的产出不均衡而设置的库存。

（4）在途库存：正处于运输过程中的库存。

3. 按照库存物品所处的状态分类

（1）静态库存：指长期或暂时处于储存状态的库存。

（2）动态库存：指处于制造加工状态或运输状态的库存。

4. 按照库存的性质分类

（1）周期库存：补货过程中产生的库存，用于满足确定的需求。

（2）投资库存：并非为了满足当前需求而持有的库存，可能是因价格变动、物料短缺或其他原因而囤积的。

（3）季节性库存：生产季节开始之前累积的库存，目的在于保证稳定的劳动力和稳定的生产运转。

（4）闲置库存：在特定时间内没有需求的库存。

知识点 3：库存的作用和弊端

1. 库存的作用

（1）维持销售产品的稳定。

（2）维持生产的稳定。

（3）平衡企业物流。

（4）平衡流通资金的占用。

2. 库存的弊端

（1）占用大量资金。

（2）增加企业产品成本和管理成本。

（3）库存积压风险。

（4）库存管理困难。

（5）库存过高或过低影响企业竞争力。

知识点 4：库存管理的概念

库存管理（Inventory Management）是指对企业生产经营全过程的各种物品、产成品以及其他资源进行管理和控制，使其储备保持在经济合理的水平上。

库存管理的目的是确保物资供应的连续性，支持生产运作，并达到经济效益的最大化。库存管理包含仓库管理和库存控制两个部分。仓库管理是指库存物料的科学保管，以减少损耗，方便存取；库存控制则是要求控制合理的库存水平，即用最少的投资和最少的库存管理费用，维持合理的库存，以满足使用部门的需求，减少缺货损失。具体来说，库存管理的内容包括物料的出入库、物料的移动管理、库存盘点、库存物料信息分析等。

知识点 5：库存管理的方法

1. ABC 库存分类管理法

ABC 库存分类管理法，又称帕累托分类法，是由意大利经济学家维尔弗雷多·帕累托提出的一种管理方法。ABC 库存分类管理法将库存物品按品种和占用资金的多少，分为特别重要的库存（A 类）、一般重要的库存（B 类）和不重要的库存（C 类）三个等级。

在 ABC 库存分类管理法中，A 类库存是企业最重要的库存，通常只占总库存的 5%～10%，但它们的价值却占总价值的 60%～80%。对于 A 类库存，企业需要严格控制库存数量和成本，并定期进行盘点和调整。同时，企业还需要建立完善的库存预警系统，以防库存短缺或过剩。

B 类库存是一般重要的库存，占总库存的 20%～30%，价值占总价值的 15%～25%。对于 B 类库存，企业需要适当控制库存数量和成本，并定期进行盘点和调整。同时，企业还需要密切关注库存的销售情况，以保持合理的库存水平，避免库存积压。

C 类库存是不重要的库存，即低价值的库存，占总库存的 60%～70%，价值仅占总价值的 5%～10%。对于 C 类库存，企业可以采取粗放式的管理策略，如定期清理和减少库存量。同时，企业还需要密切关注库存的供应情况，以避免因缺货而影响企业的生产和销售。

2. 经济订货量模型（EOQ）

经济订货量模型是一种用于确定经济订货量的数学模型，它可以帮助企业制定更好的采购决策，减少库存成本和订货成本，提高企业的经济效益。

EOQ 模型的公式如下。

$$EOQ=\sqrt{2DS/H}$$

式中：*EOQ*——经济订货量；

D——年需求量；

S——每次订货的成本；

H——单位库存持有成本。

3. 准时制（JIT）

JIT 库存管理是一种先进的库存管理理念和策略，旨在提高生产效率和降低库存成本。它的核心思想是“按需生产，零库存”，即根据实际需求量来安排生产，避免库存积压和浪费。

任务实施

阅读案例《快速反应的供应链大揭秘》，回答以下问题：

1. 请根据案例分析对比该品牌和国内企业的供应链运转速度。

____

____

____

2. 该品牌成为全球服装行业中响应速度与弹性管理标杆企业的秘诀是什么？

____

____

____

任务评价

在完成上述任务后，教师组织进行三方评价，并对学生任务执行情况进行点评，共同完成任务评价表的填写。

表 5-14　　任务评价表

班级		团队名称			学生姓名	
团队成员						
考评项目		分值	要求	学生自评（30%）	团队互评（30%）	教师评定（40%）
知识能力	对分析对比要点分析准确	30 分	分析正确			
	对响应速度与弹性管理要点分析准确	40 分	分析正确			
职业素养	文明礼仪	10 分	形象端庄 文明用语			
	团队协作	10 分	相互协作 互帮互助			
	工作态度	10 分	严谨认真			
成绩评定		100 分				
心得体会						

任务五　养护作业

任务描述

超市果蔬蛋类保鲜及库房存货养护

温度是影响果蔬呼吸作用强度的重要因素之一，温度高则呼吸作用旺盛，温度低则呼吸作用减缓，进而影响果蔬的鲜度。此外，贮藏或销售环境的湿度也是影响果蔬呼吸作用强度的重要因素之一，适当的湿度有助于果蔬的贮藏。通常果蔬的保鲜温度在 5～8℃，但香蕉、木瓜、甘薯等的适宜温度在 10℃以上（室温 18～23℃即可）。

学习资料

蛋类进库要合理堆垛，否则就会缩短贮存时间、降低蛋的品质。蛋箱、蛋篓之间要保持空隙，码垛不宜过大过高，一般不超过 2～3 千克，高度要低于风道口 0.3 米，要留缝通风，墙距 0.3 米，垛距 0.2 米，保持温度均衡。鲜蛋不能同水分高、湿度大、有异味的商品同仓堆放。满仓后即封仓。每个堆垛要挂货卡，严格控制温湿度是鲜蛋储存的关键，最佳仓间温度为-1～1.5℃（±0.5℃）。相对湿度以 85%～88%为宜（±2%）。仓库温度过高，会缩短鲜蛋储存期，降低鲜蛋的品质；温度过低，会使鲜蛋冻裂。相对湿度过高会导致鲜蛋霉变，过低会增加干耗。

知识链接

知识点 1：养护作业的概念

养护作业是指对库存商品进行有效管理的一系列操作和措施，旨在确保库存商品的质量、安全和及时供应。

知识点 2：养护作业的目的

养护作业的主要目的是确保库存商品的质量，减少商品的损失。一方面，研究商品在物流过程中受内外因素的影响情况以及质量发生变化的规律；另一方面，研究保障商品质量安全的科学养护方法。

知识点 3：商品质量及变化类型

1. 商品质量的概念

商品质量是指产品、过程或服务满足规定或潜在要求（或需要）的特征和特性的总和。这个定义强调了商品质量与用户或消费者需求之间的关系，即商品质量是衡量商品使用价值的重要尺度。

2. 商品质量变化类型

（1）物理变化。商品的物理变化是指只改变物质本身的外部形态，而不改变其本质，在变化的过程中没有新物质的生成，并且可以反复进行改变的现象。

（2）机械变化。机械变化是指商品在外力的作用下，发生形态、弹性的改变以及商品外观的变化。

（3）化学变化。化学变化不仅改变物质的外观形态，也改变物质的本质，并生成新物质。

（4）生理生化变化。生理生化变化是指有机体在生长发育的过程中，为了维持生命活动，其自身发生的一系列变化。图 5-34 所示为常见商品质量生理生化变化。

图 5-34 常见商品质量生理生化变化

（5）生物学变化。生物学变化是指商品在外界有害生物作用下受到破坏的现象，如虫蛀、鼠咬、霉腐等。

知识点 4：影响库存商品质量变化的因素

1. 影响商品质量变化的内因

（1）商品的物理性质：指商品的吸湿性、导热性、耐热性、透气性、透水性等。

（2）商品的机械性质：指商品的形态、结构在外力作用下的反应，包括商品的弹性、可塑性、韧性、脆性等。

（3）商品的化学性质：指商品的形态、结构以及商品在光、热、氧、酸、碱、温度、湿度等的作用下，发生改变商品本质的相关性质。

2. 影响商品质量变化的外因

（1）空气中的氧气。在商品养护中，对于受氧气影响比较大的商品，要采取各种方法隔绝氧气，如浸泡、密封、充氮等。

（2）日光。根据不同商品的特性，注意避免或减少日光的照射。

（3）微生物。根据商品的含水量情况，采取不同的温湿度调节措施，防止微生物生长，以利于商品储存。

（4）仓库害虫。害虫在仓库里，不仅蛀食动植物性的商品和包装，有些害虫还能为害塑料、化纤等化工合成商品。

（5）空气温度。温度是影响商品质量变化的重要因素。适宜的温度会给微生物和仓库害虫的生长繁殖创造有利条件，加速商品腐败变质，不利于预防虫蛀。

（6）空气湿度。在商品养护中，必须掌握商品的湿度要求，尽量创造商品适宜的空气湿度。

（7）卫生条件。商品在储存过程中，一定要做好储存环境的卫生工作，保持商品本身的卫生，防止商品之间的污染。

知识点 5：商品养护的原则及基本措施

商品养护的原则就是“以防为主，防治结合”。商品养护的基本措施包括以下四个方面。

1. 控制好仓库温湿度

（1）密封。

（2）通风。

（3）除湿。

2. 防止仓储货物的霉腐

（1）化学防霉变。

（2）气相防霉变。

（3）气调防霉腐。

（4）低温防霉腐。

（5）干燥防霉腐。

（6）辐射防腐法。

3. 做好金属制品的防锈除锈

（1）表面涂层技术。

（2）化学防护技术。
（3）填料填充技术。
（4）液相防护技术。
（5）添加剂技术。
4. 防止虫害
（1）杜绝仓库害虫来源。
（2）采用物理机械防治。
（3）采用化学药剂防治。

任务实施

阅读案例《超市果蔬蛋类保鲜及库房存货养护》，回答以下问题：

1. 温度是如何影响果蔬呼吸作用强度的？

____

____

____

2. 蛋类食品如何做好合理堆垛？

____

____

____

任务评价

在完成上述任务后，教师组织进行三方评价，并对学生任务执行情况进行点评，共同完成任务评价表的填写。

表 5－15　　任务评价表

班级		团队名称			学生姓名	
团队成员						
考评项目		分值	要求	学生自评（30%）	团队互评（30%）	教师评定（40%）
知识能力	对影响果蔬呼吸作用强度要点分析准确	35 分	分析正确			
	对蛋类合理堆垛要点分析准确	35 分	分析合理			

续表

职业素养	文明礼仪	10 分	形象端庄 文明用语			
	团队协作	10 分	相互协作 互帮互助			
	工作态度	10 分	严谨认真			
成绩评定		100 分				
心得体会						

1. 单项选择题

（1）盘点作业是指对仓库内储存的货物（　　）与财务账簿数目（金额）定期或不定期进行清点、核实和记录的过程。

A. 总数量　　B. 平均数量　　C. 实际数　　D. 预计数额

（2）按盘点的内容分，盘点分为全面盘点和（　　）。

A. 临时盘点　　B. 重点盘点　　C. 永续盘点　　D. 低位盘点

（3）进行临时盘点的原因一般有两种，一是核查，二是（　　）。

A. 入库　　B. 移库　　C. 交接　　D. 补货

（4）移库作业是在库作业的一种，是根据仓库内货物（　　）、货物放置错误、储位变更等因素进行调整库存储位的一种手段。

A. 化学变化　　B. 温度变化　　C. 装卸搬运　　D. 质量变化

（5）同一仓库内移库适用于仓库移库员在同一实物仓库内进行（　　）移动的处理过程。

A. 货物储位　　B. 货架商品　　C. 设施设备　　D. 保管人员

（6）隶属于同一企业的不同仓库间的移库操作，主要分为移出库和（　　）。

A. 进出库　　B. 储位变动　　C. 移入库　　D. 装卸搬运

（7）补货作业是将货物从仓库保管区域搬运到（　　）的工作。

A. 入库区　　B. 拣货区　　C. 打包区　　D. 流通加工区

（8）整箱补货是由（　　）补货到拣货区。

A. 保管区　　B. 流动加工区　　C. 原料储存区　　D. 成品存放区

(9) 托盘补货的补货作业方式是以（　　）为单位进行补货。

A. 周转箱　　B. 集装箱　　C. 托盘　　D. 货柜

(10) 按库存物品所处的状态进行分类，库存可分为静态库存和（　　）。

A. 周期库存　　B. 在途库存　　C. 动态库存　　D. 闲置库存

(11) 在 ABC 库存分类管理法中，（　　）库存是企业最重要的库存。

A. A 类　　B. B 类　　C. C 类　　D. D 类

(12) JIT 库存管理方法的核心思想是“按需生产，（　　）”。

A. 少量库存　　B. 零库存　　C. 高库存　　D. 一半库存

2. 多项选择题

(1) 按时间的跨度分，盘点可以分为（　　）。

A. 循环盘点　　B. 动态盘点　　C. 定期盘点　　D. 临时盘点

(2) 按盘点的作用分，盘点可以分为（　　）。

A. 循环盘点　　B. 永续盘点　　C. 低位盘点　　D. 全面盘点

(3) 盘点的原则主要包括（　　）。

A. 及时性　　B. 细致性　　C. 准确性　　D. 全面性

E. 严格性

(4) 移库的主要目的是（　　）。

A. 方便货物查找　　B. 节约人力成本

C. 优化库存布局　　D. 提高仓储效率

(5) 一般情况下，移库的方式主要分为（　　），不同的方式对应着不同的移库操作。

A. 不同企业间移库　　B. 同一仓库内移库

C. 不同仓库间移库　　D. 同一城市内移库

(6) 移库前的准备工作主要包括以下几个方面（　　）。

A. 库存物品清点　　B. 制订移库计划　　C. 人员和设备准备　　D. 运输和搬运

(7) 补货作业的方式包括（　　）。

A. 自动补货　　B. 整箱补货

C. 托盘补货　　D. 货架上层—货架下层补货方式

(8) 托盘补货这种补货方式适合于（　　）的货品。

A. 体积小　　B. 体积大　　C. 出货量少　　D. 出货量多

(9) 库存按其在生产和配送中所处的状态进行分类，库存可分为（　　）。

A. 原材料库存　　B. 在制品库存　　C. 维修库存　　D. 产成品库存

(10) 按库存的性质进行分类，库存可分为（　　）。

A. 周期库存　　B. 投资库存　　C. 季节性库存　　D. 闲置库存

(11) 库存的作用包括（　　）。

A. 维持销售产品的稳定　　B. 维持生产的稳定

C. 平衡企业物流　　D. 平衡流通资金的占用

3. 判断题

(1) 临时盘点即不定期盘点，是企业根据自身实际情况而不定时或者临时安排的盘点。(　　)

(2) 全面盘点是最有效、最彻底的盘点方式，投入的人力物力少，盘点成本低。(　　)

(3) 循环盘点每次可以盘多个区域，一次性完成全部物料清盘。(　　)

(4) 盘点作业开始前，要先确定盘点的时间和方法，并对盘点人员进行培训。(　　)

(5) 永续盘点盘的是“盘点周期”内有出入库变动的物料，没有入库和出库的物料不盘。(　　)

(6) 移库可以及时处理滞销、过期等商品，从而提高库存周转率，降低库存积压风险。(　　)

(7) 移库过程中可能遇到风险和问题，但不需要制定相应的应对措施和应急预案。(　　)

(8) 根据移库计划，合理安排参与移库的人员，明确各自职责和任务分工，对参与移库的人员不必进行培训。(　　)

(9) 编制移库作业申请单，包括移库作业的时间、商品名称、规格型号、源库位、数量、单位及目标库位等。(　　)

(10) 完成移库后，对目标仓库的商品进行验收，及时更新库存记录，确保商品的准确性和完整性。(　　)

(11) 货架上层—货架下层补货方式的保管区与动管区属于同一货架。(　　)

(12) 整箱补货的形式较适合于体积大且大量出货的货品。(　　)

(13) 补货业务流程中，拣选区库存如果不充足，需要确认补货货品并打印标签进行补货。(　　)

(14) 库存是指企业在生产经营过程中，为保证生产正常进行和满足市场需求，所储备的物资和产品。(　　)

(15) 在途库存是指正处于运输过程中的库存，受运输时间和距离的影响。(　　)

(16) 高库存意味着企业需要承担更多的资金占用成本，但不会影响资金周转。(　　)

(17) 库存管理的目的是确保物资供应的连续性，支持生产运作，并达到经济效益的最大化。(　　)

(18) 在ABC库存分类管理法中，C类库存是低价值的库存，占总库存的5%～10%，价值占总价值的60%～80%。(　　)

4. 案例分析题

(一) 案例分析一

超市如何实现快速盘点

案例背景：随着人们消费需求的日益多元化、特色化，超市以及便利店内差异化的细分产品种类跟着不断增加，同类产品呈现出不同规格、品牌、包装之分，又有颜色、尺寸等不同属性区分，这无疑对商品的采购、库存、销售等管理工作提出了更高的要求。大部分超市常用的人力操作模式，不但容易频频出错，而且效率低下，异常耗费人力物力，数据安全性还缺乏保障，与现代超市所宣扬的成本管控式管理模式格格不入。

传统的商场超市使用纸张和电脑录入方式，效率低，难以满足产品快速更新的需求，而且非常容易出错。运营人员要查询产品库存、价格等信息时，要到电脑端去查询，操作上非常麻烦。目前很多超市或便利店会采用进销存管理软件记录商品库存情况，但数据不具备实时性，这就导致了生产、采购、加工等部门只能根据订单信息被动生产，无法进行科学合理的管理。人工管理方法无法对货物入库、出库、发货、盘点等状态形成全链路追溯，权责不明确，也不便于事故处理和问题商品召回。

超市为了实现快速盘点，节省人力物力，采用现代化手段，通过“移动手持终端+RFID智能数据终端”产品组合，将条码识别、无线通信、打印等技术运用到超市进销存管理各环节中，完成商品入库采集、上架、盘点、信息查询、数据导入、改价等一系列商品及营销管理工作，实现货物入库、上架、盘点、销售、补货、召回等全流程数字化、移动化便携作业，不仅让工作更轻松，降低了人力成本，还大大提升了效率和准确率，增加了超市的数字化竞争力。

请分析下列问题：

1. 通过上述案例分析超市传统盘点的缺点。
2. 结合案例分析超市应用现代化盘点技术带来的优势有哪些？

（二）案例分析二

某连锁超市库存台账分析

案例背景：表 5－16 为某连锁超市生鲜营运部 12 月 27 日营业结束后，生鲜商品库存台账。表 5－17 为前期进货信息，预计在 12 月 28 日凌晨都可以入库。

表 5－16　　12 月 27 日库存台账

柜组：		日期：12.27	星期：三	气候：	农历（民俗节日）：			
序号	商品名称	昨日库存量（kg）	本日开单量（kg）	本日到货量（kg）	断货时间段	断货时间段销量（kg）	本日销售量（kg）	营业结束库存量（kg）
1	番茄	300	300	310	18：30	410	410	200
2	青椒	300	300	190			390	100
3	黄瓜	100	600	610	19：00	810	710	0
4	菜心	50	150	160			130	80
5	萝卜	100	500	490			540	50

表 5－17　　前期进货完成但尚未到库的商品

序号	商品名称	规格（kg）	进货数量（kg）	到货日期
1	青椒	散装	150	12 月 28 日凌晨
2	番茄	散装	120	12 月 28 日凌晨
3	黄瓜	散装	80	12 月 28 日凌晨
4	菜心	散装	40	12 月 28 日凌晨
5	萝卜	散装	230	12 月 28 日凌晨

请分析下列问题：

1. 根据上述信息，更新 12 月 28 日早上开门营业时的库存台账。
2. 结合实际情况，简要说明该连锁超市生鲜运营部在进货时应考虑哪些影响因素？

项目六 出库作业

学习目标

◎知识目标

（1）了解出库作业的形式和出库准备作业内容。

（2）了解订单处理作业的概念和流程。

（3）了解智能拣选系统的类型，掌握智能拣选作业的步骤与实施。

（4）了解客户退换货的原因和做好退换货作业的意义。

（5）掌握退货作业的基本要求、一般流程和退回货物的处理流程。

※能力目标

（1）能够做好货物出库前的各项准备工作。

（2）能够对客户发来的出库单进行审核，并在系统中新增出库任务。

（3）能够进行货物的出库管理设计，处理出库中遇到的问题。

（4）能够通过系统和RF手持终端完成出库和拣选作业。

（5）能够根据仓库现场的情况，进行现场5S管理。

❖思政目标

（1）增强学生学习的自信心，调动学生学习的主动性和创造性，培育践行社会主义核心价值观和爱国热情。

（2）了解诚信不仅是一种道德规范，也是能够为企业带来经济效益的，从而树立诚信意识，传承诚实守信的美德，培养学生的劳模精神和工匠精神。

（3）培养学生分析问题、解决问题的能力，培养和发挥学生的创新精神和创新能力。

知识图谱

出库作业
出库准备作业
出库作业的概念
出库作业的形式
货物出库的原则
出库准备作业内容
出库作业的流程
订单处理作业
订单处理的意义
订单处理作业的概念
订单处理作业的特点
订单处理作业遵循的原则
订单的形态
订单处理作业的流程
订单处理中的异常处理
订单处理作业实施
智能拣选作业
智能拣选作业的概念
智能拣选作业的特点
常见拣选系统的种类与特性
智能拣选作业步骤
智能拣选的发展趋势
智能拣选作业实施
复核与点交作业
出库复核与点交作业的概念和目的
出库复核与点交前的准备工作
出库复核与点交的流程
退换货作业
退换货作业的概念
退换货作业产生的原因
退货作业流程

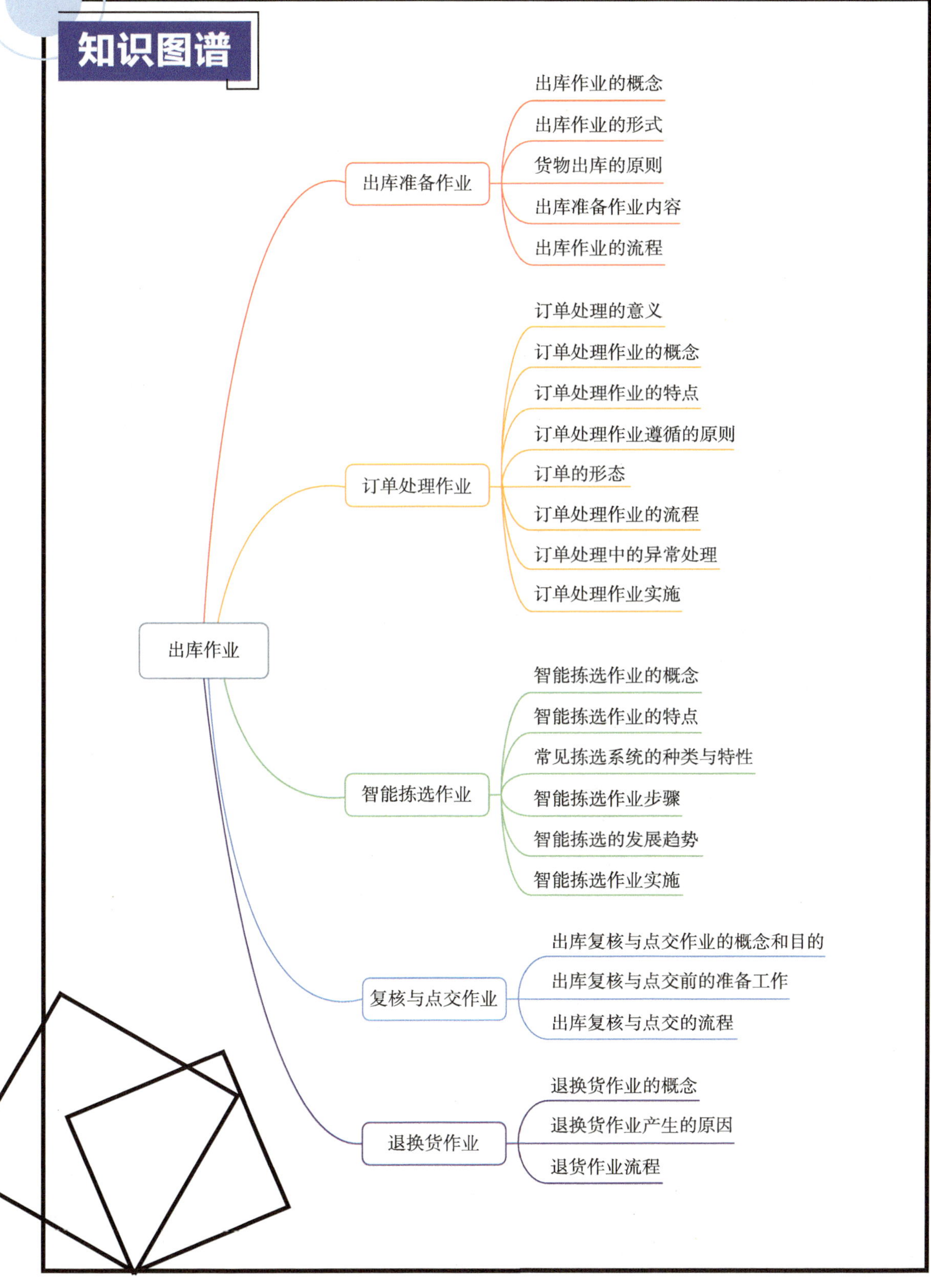

岗位分析

岗位1：物流复核员

岗位职责：按照出库凭证逐批、逐项核对实物，并进行检查，保证出库物品货单相符，数量准确，质量合格；发货时，检查外包装是否牢固、可靠、完整；做好复核记录，做到账面工整、字迹清楚；完成上级交办的其他事项。

典型工作任务：负责进出库凭证、入库验收情况及出库的销码、销账的复核，负责保管员账簿的检查工作及已发完货物的盈亏盘点管理工作，履行质量管理工作要求，做好相关质量记录，按时完成。

职业素质：有较强的数据分析能力、沟通协调能力、信息技术能力、持续学习能力，有团队意识、服务意识、创新意识、责任意识和安全管理意识。

职业能力：能够不断优化和改进工作流程，确保商品的准确性、完好性和及时性，提高客户满意度。对于复核过程中发现的异常情况，能够采取相应措施进行处理。

可持续发展能力：解决客户所提出的相关问题，优化复核作业流程管理，协调各部门合理调配资源。

岗位2：物流拣货员

岗位职责：按要求完成每天拣货任务，根据配送接单员发出的"拣货单"，将货物从配送中心分拣出来，放在指定发货位置；负责拣货区商品的保管和品质维护工作；配合仓库管理员做好正常货物和问题货物的登记和存放工作。

典型工作任务：收集订单信息，货物拣选，核对和清点，打包，参与仓库的日常管理工作，如货物上架、储存区域的整理和维护、库存盘点等。

职业素质：责任心强，耐心细致，团队协作，适应性强，沟通能力强，学习能力强，有安全意识和服务意识。

职业能力：能够控制拣货准确率与时效，系统任务下发后会利用手持终端等设备完成拣货工作，定期做好拣货总结和报告。

可持续发展能力：根据公司战略目标及业务发展方向，优化拣货流程，引入先进的管理理念及工具，推动智能系统落地实施，不断提升业务竞争力及运营水平。

项目导读

2022年12月，国务院办公厅印发《"十四五"现代物流发展规划》，指出要推进物流智慧化改造。深度应用第五代移动通信（5G）、北斗、移动互联网、大数据、人工智能等技术，分类推动物流基础设施改造升级，加快物联网相关设施建设，发展智慧物流枢纽、智慧物流园区、智慧仓储物流基地、智慧港口、数字仓库等新型物流基础设施。鼓励智慧物流技术与模式创新，促进创新成果转化，拓展智慧物流商业化应用场景，促进自动化、无人化、智慧化物流技术装备以及自动感知、自动控制、智慧决策等智慧管理技术应用。加快高端标准仓库、智慧立体仓储设施建设，研发推广面向中小微企业的低成本、模块化、易使用、易维护智慧装备。

任务一　出库准备作业

任务描述

中韩石化：打造世界领先洁净能源化工公司

近年来，在我国经济快速发展以及行业下游需求不断提升等因素的影响下，乙烯、丙烯、聚烯烃等石化产品产能提升的需求十分迫切。

学习资料

在充分了解中韩（武汉）石油化工有限公司（简称“中韩石化”）需求和作业特点的基础上，将其改造升级项目分为两大块：既要对旧库中的平库进行升级，利用 WMS（仓库管理系统）使其继续发挥价值；又要对新建立体库采用自动化立体储存方式，搭载智能化管理控制系统——WMS/WCS（仓库控制系统）/TMS（运输管理系统），结合 18 台托盘堆垛机等智能设备，以匹配其增产后的产品自动入库、智能存储、分拣、出库与运输，达到全流程自动化。最终确定的整体方案如下。

智能立体仓库与上游的两套聚烯烃装置紧紧相连。空托盘与整托产品的入库与出库均采用同一套环形穿梭车系统，最大程度提升系统利用效率，降低能耗，节省投资。

智能立体仓库建筑高度约 34 米，单层层高 3 米，货架层数为 10 层，总货位数约 18000 个。中韩石化厂区俯瞰如图 6－1 所示。

图 6－1　中韩石化厂区俯瞰

中韩石化是新库、老库并用，对比产生的差异是巨大的。与平面仓库相比，智能立体仓库在节约土地、节省人工、提高作业效率、保障准确率和安全性以及改善人员作业环境等方面效果显著，智能降级处理功能更成为一大亮点。

智能立体仓库以其高土地利用率、高度自动化、高度信息化、先进的管理理念、较少的人力成本等显著优势，实现了产品自动包装入库、存储、出库发货的自动化作业和信息化管理（见图 6－2），逐步取代传统仓储方式，满足石化行业发展需要，助力企业提升管理和服务，实现生产流程智能化、自动化转型。

图 6－2　堆垛机自动化作业

任务要求：请以项目组为单位，认真阅读案例，结合现代物流仓储需求和智能仓储的特点进行分析，完成“任务实施”中的问题。

知识链接

知识点 1：出库作业的概念

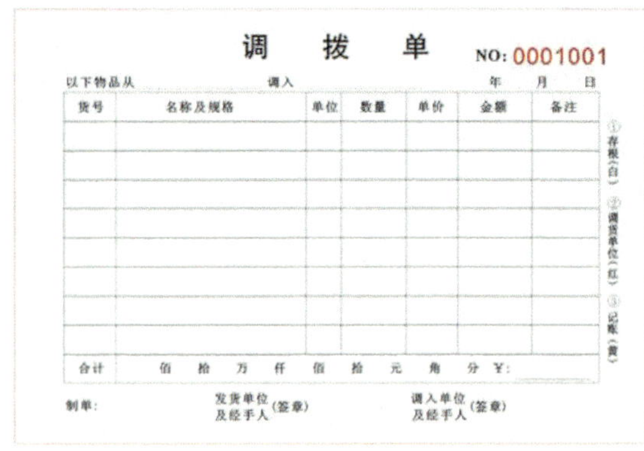

调　拨　单　　NO: 0001001

以下物品从　　　　调入　　　　年　月　日

货号	名称及规格	单位	数量	单价	金额	备注
合计	佰　拾　万　仟　佰　拾　元　角　分　¥:					

①存根（白）　②调货单位（红）　③记账（黄）

制单：　　发货单位及经手人（签章）　　调入单位及经手人（签章）

图 6－3　商品调拨通知单

商品出库是指商品离开仓库时所进行的验证、配货、点交、复核、登账等工作的总称。

商品出库必须依据货主开出的“商品调拨通知单”（见图 6－3）进行，在任何情况下，仓库都不得擅自动用、变相动用或者外借货主的库存商品。“商品调拨通知单”格式不尽相同，但不论采用何种格式，都必须是符合财务制度要求的、有法律效力的凭证，要坚决杜绝凭信誉或无正式手续的发货。

知识点 2：出库作业的形式

（1）送货。仓库根据货主单位预先送来的“商品调拨通知单”，通过发货作业，把应发商品交由运输部门送达收货单位。送货具有“预先付货、接车排货、发货等车”的特点。

（2）自提。由收货人或其代理人持“商品调拨通知单”直接到库提取，仓库凭单发货。自提具有“提单到库，随到随发，自提自运”的特点。

（3）过户。是一种就地划拨的形式，商品虽未出库，但是所有权已从原存货户转移到新存货户。

（4）取样。货主单位因商品质量检验、样品陈列等需要，到仓库提取货样。

（5）转仓。货主单位为了业务方便或改变储存条件，需要将某批库存商品自甲库转移到乙库，这就是转仓的发货形式。

知识点 3：货物出库的原则

（1）严格贯彻先进先出、后进后出、推陈储新的原则。

（2）严格贯彻出库凭证和手续必须符合要求的原则。

（3）严格遵守仓库有关出库的各项规章制度和原则。

（4）遵守提高服务质量，满足用户需要的原则。

（5）贯彻“三不”“三核”“五检查”的原则。“三不”，即未接单据不翻账，未经审单不备货，未经复核不出库；“三核”，即在发货时，要核实凭证、核对账卡、核对实物；“五检查”，即对单据和实物要进行品名检查、规格检查、包装检查、件数检查、重量检查。

知识点 4：出库准备作业内容

（1）订单审核：确认订单信息的准确性，包括商品名称、数量、规格、客户信息等。

（2）库房整理：对库房进行整理，确保货品摆放整齐、分类清晰，便于查找和出库。

（3）商品检查：检查商品的完好程度，确保出库的商品符合质量标准。

（4）包装材料准备：准备足够的包装材料，如纸箱、胶带、填充物等。

（5）物流渠道确认：根据客户要求，选择合适的物流公司和运输方式。

（6）配送信息核对：核对客户的配送地址、联系方式等，确保信息准确无误。

（7）出库单据准备：提前准备好出库单、验收单等相关单据，确保出库作业顺利进行。

（8）货物分区：根据仓库管理要求，将准备好的货物进行分区存放，便于装卸搬运和监控。

（9）设备检查：检查出库所需的设备，如搬运车、称重设备等，确保设备正常运行。

（10）安全提示：对出库作业人员进行安全教育，提醒注意事项，确保货物安全。

知识点 5：出库作业的流程

（1）接单。当接到客户订单或库存管理部门的发货指令后，仓储部门开始执行出库作业。出库商品必须有正式的出库凭证（见图 6－4），严禁无单或白条发料。

出库单

作业计划单号： CKD001

库房：	CK01	☑正常商品 ☐退换货			
*客户名称：	×××	*发货通知单号：	FHTZD001	出库时间：	2024年4月25日早上8时
*收货单位名称：	桥北苏果店	*应发总数：	200箱	*实发数量：	200箱

*产品名称	*产品编号	*规格	单位	应发数量	*实发数量	*货位号	批号	备注
金纺衣物护理剂	CPBHJ2	200ml	袋	50袋	50袋			
金纺衣物护理剂	CPBHJ5	500ml	袋	50袋	50袋			
奥妙洗衣粉	CPBHA2	200g	袋	50袋	50袋			
奥妙洗衣粉	CPBHA5	500g	袋	50袋	50袋			

保管员：	刘×云	提货人：	程×	制单人：	刘×云

图 6-4 商品出库单（示例）

（2）确认库存。在接单、审单后，库存管理员需要确认仓库中是否有足够的存货满足客户或其他部门的需求。

（3）拣货。拣货是指根据客户或其他部门的需求从仓库中挑选出指定的货物。

（4）复核。复核员会核对待发货货物与订单的一致性，包括货物数量、规格、型号等，确保货物准确性。

（5）打包。打包是指将已取出并复核无误的物品进行包装，以便于保护货物和运输。

（6）发货。仓储系统向客户发送发货通知，包括货物名称、数量、预计送达时间等信息。

任务实施

阅读案例《中韩石化：打造世界领先洁净能源化工公司》，回答以下问题：

1. 针对中韩石化需求和作业特点，其定制化解决方案有哪些？

____

____

____

2. 与平面仓库相比，智能立体仓库给中韩石化带来了哪些显著效果？

____

____

____

任务评价

在完成上述任务后，教师组织进行三方评价，并对学生任务执行情况进行点评，共同完成任务评价表的填写。

表 6-1　　任务评价表

班级		团队名称			学生姓名	
团队成员						
考评项目		分值	要求	学生自评（30%）	团队互评（30%）	教师评定（40%）
知识能力	对解决方案分析准确	35 分	分析正确			
	对带来的显著效果分析准确	35 分	分析正确			
职业素养	文明礼仪	10 分	形象端庄 文明用语			
	团队协作	10 分	相互协作 互帮互助			
	工作态度	10 分	严谨认真			
成绩评定		100 分				
心得体会						

任务二　订单处理作业

任务描述

浙江天正电气基于复杂订单需求下的智慧物流系统解决方案

浙江天正电气股份有限公司（简称“天正电气”）为国内低压电器行业龙头企业之一，创建于 1999 年，专注于工业电气领域。多年来天正电气的物流运营方式是由生产公司将产品集中储存于多楼层的平库，由仓管员到各楼层对着订单拣货，然后发货员将仓管员分拣出来的不同大类产品按客户汇总后，再复核发运。

通过对近三年的销售出库量与销售频次进行分析，将产品划分为 ABC 三类，并分别以“托盘”“件（箱）”“只”为存储与发运单位设计对应的物流方式。出库根据订单需求分别从托盘立库、箱式多穿库、散货区拣选对应的产品，汇集到集货区实现快速分拣与配送，实现从传统物流“人到货”模式，到现在的“货到人”智能模式，大幅提升拣货与物流效率。天正电气仓储物流管理“白盒”模式如图 6－5 所示。

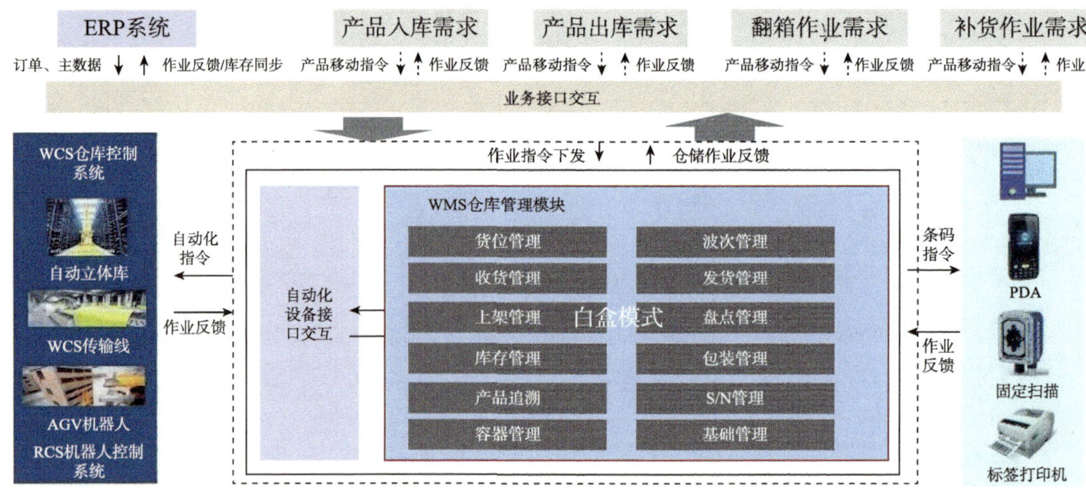

图 6－5　仓储物流管理“白盒”模式

天正电气的智慧物流系统解决方案取得了巨大的经济效益，在 2500 平方米的地面上，实现了 50000 立方米的体积与近 10000 个托盘式货位的可存储空间，相比常规库房提升了近 10 倍的存储能力。从“人到货”模式到“货到人”模式，纯劳力人员优化 40%，年度人力成本减少 210 万元，同时，物流作业效率提升 50%。

任务要求：请以项目组为单位，认真阅读案例，对比传统手工出库作业和智慧出库作业特点进行分析，完成“任务实施”中的问题。

知识链接

知识点 1：订单处理的意义

（1）降低物流成本。

（2）提高客户满意度。

（3）提高物流服务质量。

知识点 2：订单处理作业的概念

订单处理（Order Processing）作业是指在物流和供应链管理过程中，对客户订单进行接收、审核、处理和执行的一系列环节。订单处理作业的主要目的是满足客户需求，确保准确无误地完成订单，并在规定时间内将货物送达客户。

知识点 3：订单处理作业的特点

（1）是配送中心所有物流作业组织的开端和核心。

（2）其作业伴随配送活动的全过程。

（3）能够迅速有效地处理大量数据。

（4）能够进行严格的数据编辑处理，确保正确性、时效性。

（5）可以完成数据的存储和积累。

（6）可以提高数据处理的速度，进而加速业务流程。

知识点 4：订单处理作业遵循的原则

（1）缩短订单处理周期。

（2）要使客户产生信任。

（3）提供紧急订货服务。

（4）减少缺货现象。

（5）不忽略小客户。

（6）装配要求完整。

（7）提供对客户有利的包装。

（8）要跟踪订单处理的情况。

知识点 5：订单的形态

（1）一般的交易订单：这是最常见的订单形式，涵盖了大部分的交易过程。

（2）现销式交易订单：接到一般交易订单后，将资料输入订单处理系统，按正常的订单处理程序处理，资料处理完后，进行拣货、出货、发送、收款等作业。

（3）间接交易订单：这种订单是通过第三方来进行交易的，仓库接到间接交易订单后，将客户的出货资料传给供应商，由其代配。

（4）合约式交易订单：这种订单是基于双方的协议或者合同来进行的。

（5）寄库式交易订单：这种订单是供应商将货物存储在零售商的仓库中，然后根据销售情况进行分拣和配送。

知识点 6：订单处理作业的流程

（1）订单接收。

（2）订单确认。

（3）订单处理。

（4）订单跟踪。

知识点 7：订单处理中的异常处理

（1）异常识别。借助数据科学和机器学习的技术，可以建立异常订单的识别模式，准确地识别出异常订单。

（2）异常分类：根据异常的严重程度和影响范围，将异常分为不同类别。

（3）异常处理：针对不同类别的异常，采取相应的处理措施。

（4）异常预防：分析历史异常情况，总结经验教训并采取措施，预防类似异常再次发生。

知识点 8：订单处理作业实施

【任务背景】

2021 年 4 月 30 日，华源库房主管向仓管员下达出库订单，由信息员进行系统录入，按照客户的出库要求，规范完成出库作业，需要进行送货的订单需要录入配送单据，进入配送流程。

托盘货架区出库时，先按照客户指定的批次进行出库，未指定批次的应根据先进先出的原则决定出库顺序；电子标签拣选区出库货品无须按此规则出库。所有货品在完成出库后，其库存量需要大于补货点。

华源库房电子标签拣选区储位分配情况如表 6－2 所示。

表 6－2　电子标签拣选区储位分配情况

储位编码	货品条码	货品名称	数量	品类	补货点	单位	箱装数
A00000	6922266443770	清风卷纸 4 层 120g	9	日用品	5	卷	5
A00001	6922366443770	清风绿装 4 层 120g	8	日用品	2	卷	4
A00002	6922466443770	清风质感纯品 4 层 120g	7	日用品	4	卷	5
A00003	6921168593002	怡泉苏打碳酸饮料汽水 550ml	4	饮料	3	瓶	5
A00004	6921168693002	怡泉无糖柠檬味苏打水 550ml	7	饮料	2	瓶	5
A00005	6922255447833	蓝山风味速溶咖啡 350g	8	饮料	3	瓶	5
A00100	6922566443770	清风原木纯品 4 层 120g	8	日用品	3	卷	5
A00101	6922666443770	清风起柔系列 4 层 120g	8	日用品	5	卷	5
A00102	6922766443770	清风超韧纸品 4 层 120g	3	日用品	5	卷	5
A00103	6922256447833	蓝山风味速溶咖啡 450g	9	饮料	3	瓶	5
A00104	6902538004045	康师傅饮料水蜜桃味	8	饮料	5	瓶	8
A00105	6902538104045	康师傅饮料蜜桃味	7	饮料	3	瓶	8

托盘货架区储位分配情况如表 6－3 所示（方括号内数字表示批号）。

表 6－3　托盘货架区储位分配情况

日用品区（A 区）					
清风卷纸 4 层 120g（7 箱） [20200518]	清风卷纸 4 层 120g（9 箱） [20200508]	清风绿装 4 层 120g（7 箱） [20201220]		清风原木纯品 4 层 120g（8 箱） [20201210]	清风质感纯品 4 层 120g（4 箱） [20201205]
A00200	A00201	A00202	A00203	A00204	A00205

续表

怡泉无糖 柠檬味苏打水 550ml（7 箱） [20200417]	怡泉无糖 柠檬味苏打水 550ml（9 箱） [20200318]		清风原木纯品 4 层 120g（9 箱） [20201220]		
A00100	A00101	A00102	A00103	A00104	A00105
	清风绿装 4 层 120g（10 箱） [20201112]				
A00000	A00001	A00002	A00003	A00004	A00005
食品区（B 区）					
蓝山风味 速溶咖啡 350g（10 箱） [20200228]	蓝山风味 速溶咖啡 350g（10 箱） [20200111]				
B00200	B00201	B00202	B00203	B00204	B00205
B00100	B00101	B00102	B00103	B00104	B00105
				康师傅饮料 蜜桃味（6 箱） [20200307]	康师傅饮料 蜜桃味（7 箱） [20200411]
B00000	B00001	B00002	B00003	B00004	B00005

出库订单如表 6－4 所示。

表 6－4　　**出库订单**

客户指令号	CK2021043001	客户名称	华夏集团	紧急程度	一般
库房	华源库房	出库类型	正常出库	是否送货	是
收货人	物美超市（东蒲桥店）				
预计出库时间	2021 年 4 月 30 日				

货品条码	货品名称	单位	数量	批号	备注
6922266443770	清风卷纸 4 层 120g	箱	3		
6922366443770	清风绿装 4 层 120g	卷	3		
6921168693002	怡泉无糖柠檬味苏打水 550ml	瓶	2		
6922256447833	蓝山风味速溶咖啡 450g	瓶	2		
6902538004045	康师傅饮料水蜜桃味	瓶	3		

【任务实施过程】

1. 订单录入

信息员在系统主界面选择【出库预报】，进行出库订单的处理，如图 6－6 所示。

点击【新增】按钮，进入出库订单信息维护界面。在“订单信息”界面录入订单下达时间、SO 编码、货主指令号、货主、收货人、订单来源、紧急程度等内容，如图 6－7 所示。

图 6－6　系统主界面—出库预报

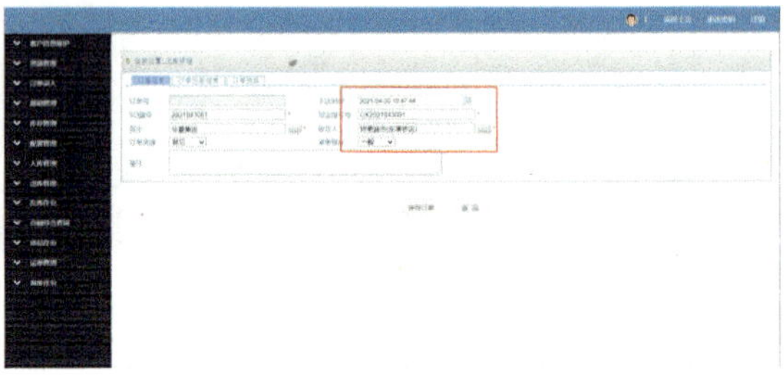

图 6－7　订单信息录入

在“订单出库信息”界面录入库房、出库类型、是否送货、出库时间等内容，如图 6－8 所示（注：如果订单需要配送，在是否送货选项中选择“是”）。

在“订单货品”界面添加货品，录入货品数量信息。仓管员确认订单信息等信息无误后，点击【保存订单】按钮，保存订单。如图 6－9 所示。

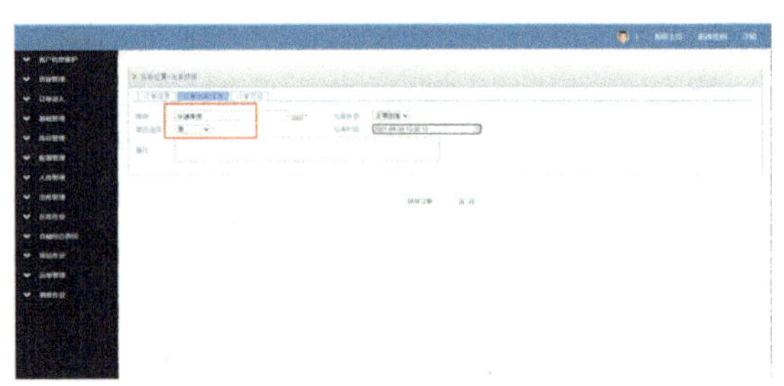

图 6－8　订单出库信息

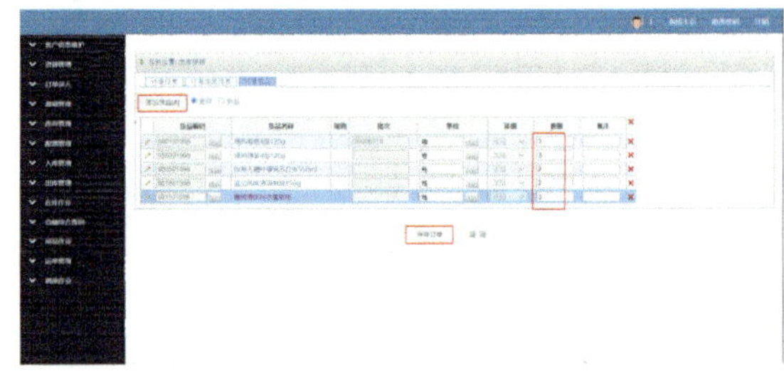

图 6－9　保存订单

2. 生成作业计划

仓管员在“出库预报”界面，选中需要审核的订单，点击【发送审核】，如图 6－10 所示。

仓管员确认信息无误后，点击【确认审核】按钮完成审核，如图 6－11 所示。

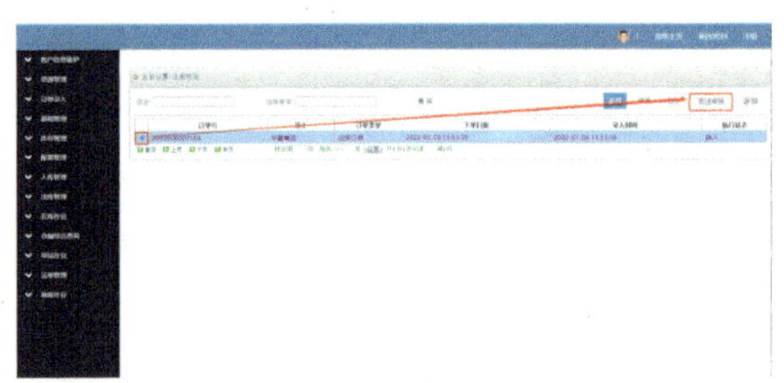

图 6－10　订单审核

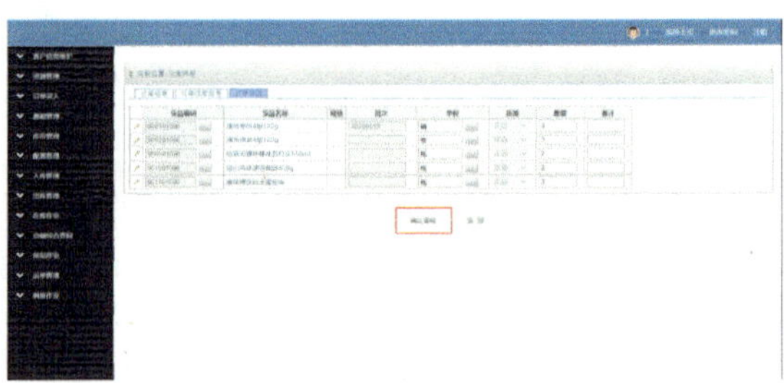

图 6－11　确认审核

3. 月台分配

仓管员在系统主界面点击【出库审核】按钮，进入审核界面，如图 6－12 所示。

选中待处理的订单，点击【月台计划】按钮进行出库月台分配，在跳转出的界面中，选择出库月台，点击【确认】完成出库任务的月台分配操作。如图 6－13、图 6－14 所示。

仓管员在“出库审核”界面选中需要审核的订单，点击【审核】按钮，在系统上方弹出的提示框内点击【确定】按钮，完成出库单的审核操作。如图 6－15 所示。

图 6－12　系统主界面—出库审核

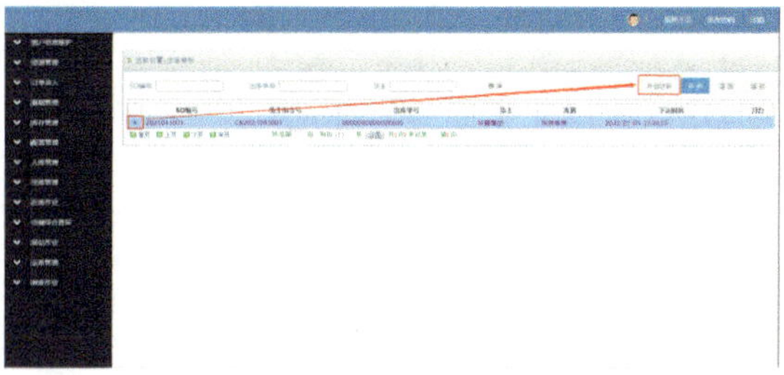

图 6－13　月台计划

图 6－14　月台分配

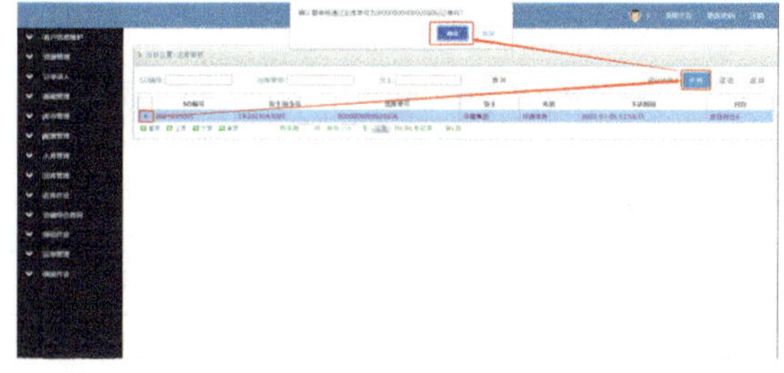

图 6－15　出库订单审核

4. 订单打印

仓管员在系统主界面点击【SO 单打印】按钮，进入订单打印界面，仓管员确认信息无误后点击【打印】按钮，完成出库单的打印操作，如图 6－16、图 6－17、图 6－18 所示。

图 6－16　系统主界面—SO 单打印

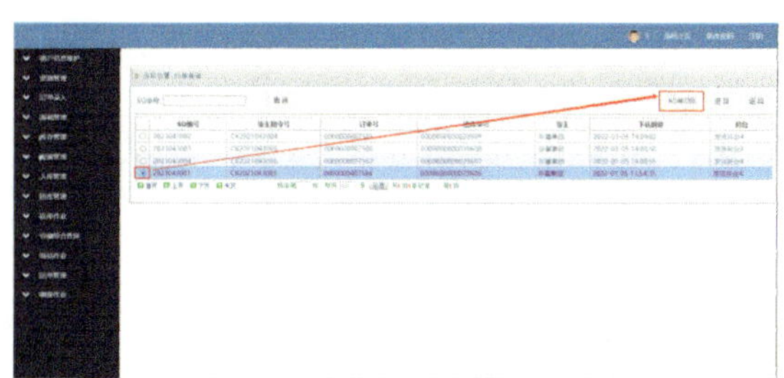

图 6－17　SO 单打印

打印

出 库 单

库房名称：华源库房							SO编号：2021043001
货主名称：华夏集团							货主指令号：CK2021043001
发货月台：发货月台4		收货人：物美超市（东蒲桥店）					是否送货：是
应出总数：13.0							实出总数：

货品名称	货品条码	规格	单位	应出	实出	批号	备注
清风绿装4层120g	6922366443770		卷	3			
怡泉无糖柠檬味苏打水550ml	6921168693002		瓶	2			
蓝山风味速溶咖啡450g	6922256447833		瓶	2			
清风卷纸4层120g	6922266443770		箱	3		20200518	
康师傅饮料水蜜桃味	6902538004045		瓶	3			

信息员（签字）：____________　　仓管员（签字）：____________　　收货人（签字）：____________

第一联（白联）：仓库留存　　第二联（红联）：仓管员留存　　第三联（黄联）：收货人留存

图 6－18　出库单打印示意

任务实施

阅读案例《浙江天正电气基于复杂订单需求下的智慧物流系统解决方案》，回答以下问题：

1. 浙江天正电气传统作业方式存在哪些弊端？

____

____

____

2. 浙江天正电气智慧物流系统解决方案带来了哪些经济效益？

____

____

____

任务评价

在完成上述任务后，教师组织进行三方评价，并对学生任务执行情况进行点评，共同完成任务评价表的填写。

表 6-5 任务评价表

班级		团队名称		学生姓名	
团队成员					
考评项目		分值	要求	学生自评（30%）	团队互评（30%）	教师评定（40%）
知识能力	对传统作业弊端分析准确	30 分	分析正确			
	对经济效益要点分析准确	40 分	分析正确			
职业素养	文明礼仪	10 分	形象端庄 文明用语			
	团队协作	10 分	相互协作 互帮互助			
	工作态度	10 分	严谨认真			
成绩评定		100 分				
心得体会						

任务三 智能拣选作业

任务描述

林德搬运机器人：智能化升级的“魔法棒”

厦门金鹭成立于 1989 年，是知名的钨粉末、硬质合金及切削工具供应商。随着产能的提升，为改变劳动力密集存储现状，厦门金鹭选择引入林德智能化搬运设备和相关软硬件产品，实现仓储库容的迭代升级，满足日益增长的业务需求。

学习资料

1.“货到人”智能拣选——柔性赋能，密集存储

针对厦门金鹭同安工厂旧仓改造项目，林德结合客户痛点，为厦门金鹭精准定制物流布局，提供林德搬运机器人“货到人”拣选自动化解决方案，最大限度利用现有空间，实现“存一取一拣”一体化运作。

2.“料箱大小车”协同作战——存取运送，纵横有序

为告别传统仓储配送模式，在厦门金鹭同安工厂的料箱立体库内，林德规划了两种智能机器人，采用“料箱大小车”组合协作的模式，让厦门金鹭实现 24 小时全天候、无人化的搬运作业。如今，林德通过机器人调度系统下单指令，动态调整行驶路径，自动化分配任务，实现多机型集群式协同配送，如图 6-19 所示。

图 6-19　林德机器人将料箱送到订单拣选工作站

任务要求：请以项目组为单位，认真阅读案例，结合智能拣选的特点进行分析，完成“任务实施”中的问题。

知识链接

知识点 1：智能拣选作业的概念

智能拣选作业是指利用先进的技术和智能设备，对仓库内的货物进行高效、准确的拣选和配送。智能拣选系统能够充分发挥速度快、目的地多、效率高、差错率低以及基本实现智能化、无人化作业的优势，目前已在国内外大多数大型配送中心实现应用。技术升级与消费转型带来的产业重构如图 6-20 所示。

互联网技术+消费转型
电商快递业的高速发展

商品“短小轻薄”
流通“小批量、多批次、高频次”

人工、半人工
智能输送分拣系统

图 6-20　技术升级与消费转型带来的产业重构

知识点 2：智能拣选作业的特点

智能拣选作业的主要特点如下。

（1）提高拣选效率：通过智能规划拣选路径和顺序，减少库房工作人员的行走距离，提高拣选速度。

（2）降低错误率：利用条码技术等，实时采集货物信息，有效提高拣选准确性。

（3）节省人力资源：智能设备可以替代部分人力，降低企业在拣选作业的人力成本。

（4）提高客户满意度：通过物流跟踪系统，实时了解商品的运输状态，及时、准确地进行拣选和配送，提高客户满意度。

（5）节能减排：智能拣选系统可以实现能源的合理利用，降低能耗。

知识点 3：常见拣选系统的种类与特性

拣选系统的种类非常多，按布局不同可分为直线型、环线型；按出口不同可分为水平推出式、重力跌落式、在线导出式；按拣选方式不同可分为翻板式、交叉带式、落袋式、滑块式、直线窄带式、导轮式、模组带式、窄带式、摆臂式、AGV 式等。而不同的拣选方式，拣选系统的参数特性与应用场景也不同，常见拣选系统的特性如表 6 - 6 所示。

表 6 - 6　常见拣选系统的特性

拣选方式	图片	参数特性	分拣物件	适用行业
翻板式		环线型布局 可设置分拣格口多 物件规格适应性较差，速度 2～3m/s 效率为 4540～9080kg/h 单件最大重量 60kg	箱、盒、袋等	邮政、快递、机场等
交叉带式		环线型布局/直线型布局 可设置分拣格口多 物件规格适应性强，速度 2～3m/s 效率为 6810～13620kg/h 单件最大重量 50kg	箱、盒、袋、信函、扁平、软包等	邮政、快递、电商、机场、服装、商超、医药等
落袋式		环线型布局 可设置分拣格口多 物件规格适应性一般，速度 1.3m/s 效率为 5675～11350kg/h 单件最大重量 10kg	服装、箱盒类、软包、扁平件、圆形、无包装的、形状不固定的、不可输送的等	邮政、快递、电商、服装、珠宝、医药、零售等
滑块式		直线型布局 可设置分拣格口一般 物件规格适应性一般，速度 2～3m/s 效率为 3632～5448kg/h 单件最大重量 50kg	箱、盒类、袋等底部较平整的物件	商超、服装、医药、快递等

续表

拣选方式	图片	参数特性	分拣物件	适用行业
直线窄带式		直线型布局 可设置分拣格口一般 物件规格适应性强，速度 1.5～2m/s 效率约 7000 件/小时 单件最大重量 50kg	箱、盒、袋、软包、异形件等	邮政、快递、电商等
导轮式		嵌入式直线型布局 可设置分拣格口一般 物件规格适应性一般，速度 1.5～2.5m/s 效率为 5000～8000 件/小时 单件最大重量 50kg	箱、盒、袋等	邮政、快递、电商、商超、医药等
模组带式		直线型布局 可设置分拣格口一般 物件规格适应性较强 效率约 7000 件/小时 单件最大重量 25kg	箱、盒、软包、扁平、信函等	邮政、快递、电商、服装、医药等
AGV 式		柔性布局 可设置分拣格口多 物件规格适应性一般 效率约 5448kg/h 单件最大重量 5kg（常规）	箱、盒类、软包装等	邮政、快递、电商等

知识点 4：智能拣选作业步骤

智能拣选作业主要步骤如下。

（1）数据采集与分析：通过物联网技术、条码扫描等技术手段，实时采集仓库内货物的存储位置、数量等信息。

（2）制订拣选计划：根据分析结果，智能系统会生成拣选计划，包括拣选顺序、拣选路径等，以实现最大拣选效率。

（3）调度拣选设备：智能系统根据拣选计划，调度合适的拣选设备，如无人搬运车、输送带等，协助完成货物拣选。

（4）货物拣选：库房工作人员或机器人根据拣选计划，将所需货物从仓库中取出，并进行打包、标记等操作。

（5）复核：在货物拣选完成后，进行货物数量和质量的复核，确保拣选准确无误。

（6）配送：根据客户要求，将货物及时配送至指定地点。

（7）反馈与优化：智能系统会收集拣选作业过程中的各项数据，如拣选时间、拣选准确性等，以便于对拣选作业进行持续优化。

典型快递中转场业务流程如图 6－21 所示。

知识点 5：智能拣选的发展趋势

近年来，随着用工成本上涨和相关应用技术不断成熟，特别是自动化设备投入成本的进一步降低和系统作业效率的提高，人力成本可节约 3～5 倍。预计未来五年内，我国对以交叉带式分拣机为主的分拣系统需求量可达 5000 套以上，自动分拣系统市场前景广阔。

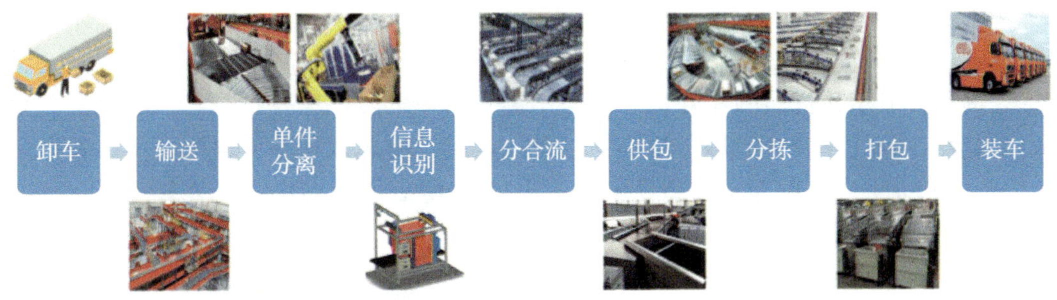

图 6-21　典型快递中转场业务流程

未来智能拣选的发展趋势总体如下。

(1) 技术向智能化、数字物联化方向发展。大数据带来了从销售前端到运营预测的一切可能性。

(2) 应用向产业化、细分化方向发展。根据不同行业的业务流程特点、工艺要求和技术特点等，以及客户自身的经济条件和管理水平，提供定制化的智能拣选解决方案，以提供最为适合的系统来更好地满足客户的个性化需求。

知识点 6：智能拣选作业实施

【任务背景】

根据上一任务的任务背景及生成的出库单，完成电子标签拣选区出库任务。华源库房电子标签拣选区储位分配情况表、托盘货架区储位分配情况参照上一任务中表 6-2 和表 6-3；出库单参照上一任务中图 6-18。

【任务实施过程】

1. 生成拣选单

仓管员在系统主界面选择【波次计划】，新增出库订单的波次拣选计划，如图 6-22 所示。

点击【新增】按钮进入到新增波次计划界面。仓管员在新增波次计划界面中选择库房后，会出现待调度的订单，勾选需要调度的订单并点击【加入调度】，所有待调度的订单加入完成后，点击【保存】按钮，如图 6-23 所示。

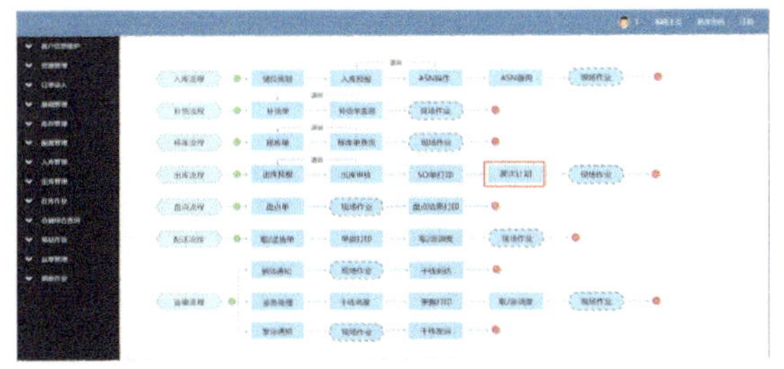

图 6-22　系统主界面—波次计划

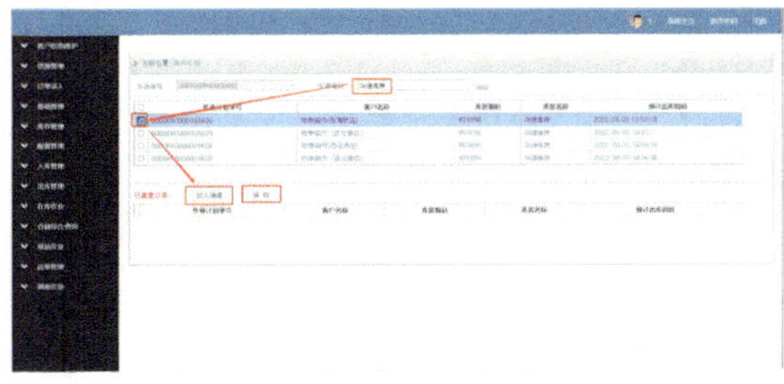

图 6-23　新增波次计划

仓管员在波次计划界面，选择调度订单，点击【分配】按钮进行货品分配，如图 6 - 24 所示。

进入分配界面后，在“待拣货结果”中选择需要拣选的商品，点击【库存】按钮，“库存”框中会显示该货品的库存信息，点击需要出库的货品库存信息，在“数量”处的输入框内填入需要出库的数量，并点击【拣货调度】，完成该货品的出库分配，若有多件货品需要出库则重复操作即可。待所有货品全部分配完成，点击【保存】按钮，完成分配。如图 6 - 25 所示。

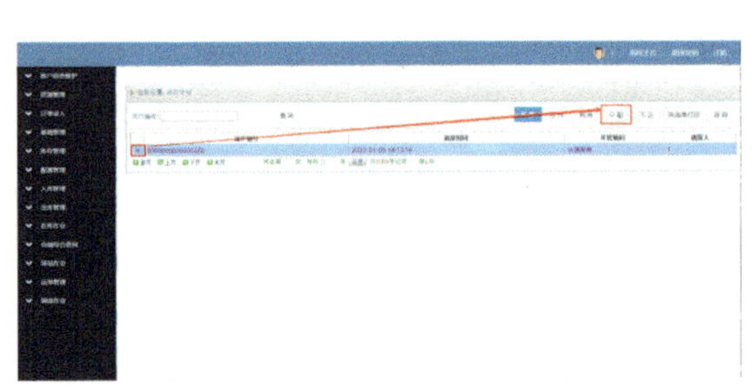

图 6 - 24　波次分配

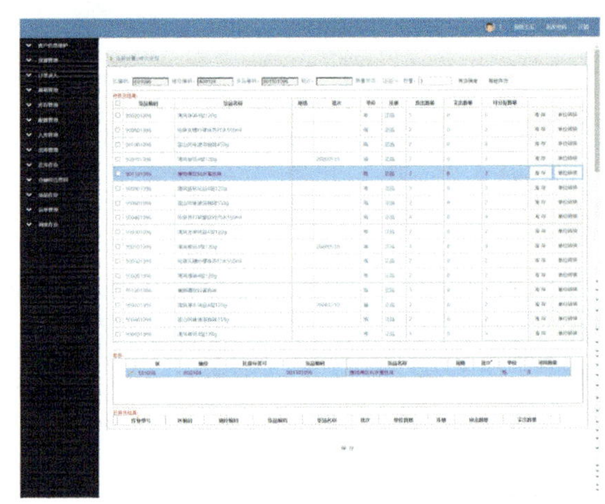

图 6 - 25　拣选计划

当电子标签拣选区的货品出库数量大于或等于箱装数时，可进行货品单位转换，在“待拣货结果”中选择需要拣选的商品，点击【单位转换】按钮，货品单位会转变为“箱”，如图 6 - 26 所示。

2. 拣选单打印

分配调度完成后，在“出库管理—波次计划”中找到订单记录，选中订单，点击【拣选单打印】，进行拣选单的打印作业，如图 6 - 27 所示。

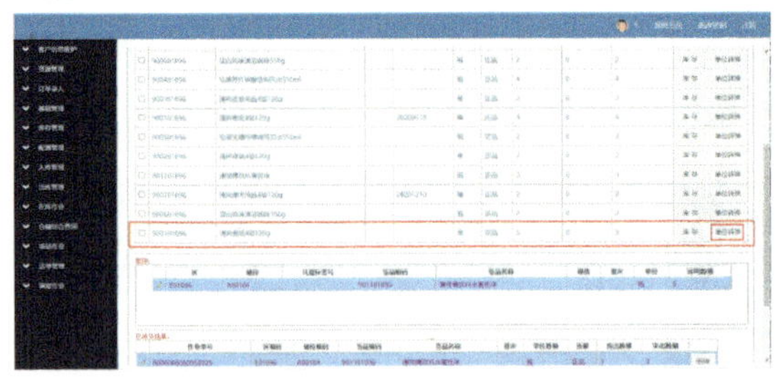

图 6 - 26　单位转换

图 6 - 27　拣选单打印

仓管员在拣选单打印预览窗口中，确认拣选单和装箱单货品信息，信息确认无误后，点击左上角【打印】按钮，即完成打印操作，如图 6 - 28 所示。

打印

拣选单

作业库区:托盘货架区　　　　拣选单号:0000000000000662

拣选货位	货品名称	数量	单位
A00200	清风卷纸4层120g	3	箱

拣选单

作业库区:电子标签拣选区　　　　拣选单号:0000000000000662

装箱单

客户名称:物美超市(东蒲桥店)

拣选货位	货品名称	数量	单位
A00001	清风绿装4层120g	3	卷
A00103	蓝山风味速溶咖啡450g	2	瓶
A00004	怡泉无糖柠檬味苏打水550ml	2	瓶
A00104	康师傅饮料水蜜桃味	3	瓶
制单人:		作业时间:2022-01-05 15:30:46	

图 6－28　拣选单打印预览示意

任务实施

阅读案例《林德搬运机器人：智能化升级的“魔法棒”》，回答以下问题：

1. 林德搬运机器人“货到人”拣选自动化解决方案是如何运作的？

____

____

____

2. “料箱大小车”组合协作的模式有哪些优势？

____

____

____

任务评价

在完成上述任务后，教师组织进行三方评价，并对学生任务执行情况进行点评，共同完成任务评价表的填写。

表 6-7　　任务评价表

班级		团队名称		学生姓名	
团队成员					

考评项目		分值	要求	学生自评（30%）	团队互评（30%）	教师评定（40%）
知识能力	对方案运作的要点分析准确	30 分	分析正确			
	对协作模式的优势分析准确	40 分	分析正确			
职业素养	文明礼仪	10 分	形象端庄 文明用语			
	团队协作	10 分	相互协作 互帮互助			
	工作态度	10 分	严谨认真			
成绩评定		100 分				
心得体会						

任务四　复核与点交作业

任务描述

黑科技助力 618：京东物流智能仓处理订单同比增长 106%

6 月 15 日，京东物流宣布在北京图书仓库正式上线智能复核系统。该系统定位于仓库内的商品复核场景，从传统的人工复核升级为以智能设备为中心的自动化复核（见图 6-29）。

该系统自应用以来，创造了单日处理 45000 件的最高纪录。据悉，智能复核系统应用于拥有百万级 SKU（最小存货单位）、近 2000 万册图书的仓库订单复核作业中。相比传统作业方式，效率提升了 3 倍，不仅降低了仓储工人的劳动强度，也为“新手”员工迅速掌握操作技能、高效率处理订单提供“神助攻”。

学习资料

图书品类具有 SKU 多、爆品难以打造、坪效低的属性，给仓储作业带来很大挑战。

智能复核系统的启用，很好地解决了这个痛点，通过应用物联网、人工智能、机器视觉识别等前沿技术，京东物流让员工和机器有机结合，降低了劳动强度和新员工培训的成本，尤其在减少弯腰和走动等动作方面起到了显著的效果。

图 6-29 京东物流北京图书仓库智能复核系统

任务要求：请以项目组为单位，认真阅读案例，结合智能复核系统的特点进行分析，完成“任务实施”中的问题。

知识链接

知识点 1：出库复核与点交作业的概念和目的

出库复核与点交作业是指在货物从仓库发出之前，对货物的数量、质量、规格等信息进行再次核对和确认的检查和交接等一系列过程。

出库复核与点交作业的目的是确保货物的准确性、完整性以及让货物符合客户订单要求，防止因货物出现错误导致退货、投诉等问题。

知识点 2：出库复核与点交前的准备工作

为了确保出库复核与点交作业的顺利进行，需要提前做好以下准备工作。

（1）核对订单：仔细核对客户订单，确保订单内容的准确性，包括货物名称、数量、规格、型号等。

（2）检查库存：确保货物的实际库存与系统库存一致，避免出现库存不足的情况。在开始进行出库复核前，需要确认好出库物品的存放位置。

（3）准备装箱清单：根据订单内容，准备相应的装箱清单，便于仓库人员和物流公司准确无误地完成发货。

（4）准备必要的工具和设备：提前准备好称重设备、测量工具、扫描仪等，检查仓库内的搬运设备（如叉车、手推车等）是否能正常运行，确保复核过程中能够准确测量和记录商品的数量，提高出库效率。

（5）明确复核标准：根据商品的特性和需求，制定明确的复核标准，如数量、质量、包装完好程度等。

（6）准备相关文件：整理出库所需各类文件，如发票、装箱单、报关单等。

（7）建立应急预案：针对可能出现的突发情况，如商品损坏、包装破损等，制定应急预案，确保能够迅速妥善处理。

知识点3：出库复核与点交的流程

出库复核与点交作业包括以下几个流程。

（1）实物核查：在仓库现场对货物进行实物核查，包括货物名称、数量、规格、型号等，确保货物与订单一致。此外，还需检查货物质量，确保货物符合要求。

（2）包装检查：对商品进行外观检查，查看包装是否完好、商品是否损坏，同时，检查货物标签和标识是否清晰可见，便于物流公司和客户识别货物。

（3）文件核对：核实相关文件（如发票、装箱单、报关单等）是否齐全且正确。

（4）记录跟踪：将复核过程中的相关信息（如商品名称、数量、复核人员等）记录在仓储管理系统中，便于跟踪和管理。

（5）清点交接：仓管员与提货人、承运人等当面点交，点交后，提货人、承运人必须在相关出库单证上签字。

阅读案例《黑科技助力618：京东物流智能仓处理订单同比增长106%》，回答以下问题：

1. 智能复核系统与传统复核作业相比有哪些优势？

____

____

____

2. 京东是如何利用智能复核系统提高复核运作效率的？

____

____

____

在完成上述任务后，教师组织进行三方评价，并对学生任务执行情况进行点评，共同完成任务评价表的填写。

表 6-8 任务评价表

班级		团队名称		学生姓名	
团队成员					
考评项目		分值	要求	学生自评（30%）	团队互评（30%）	教师评定（40%）
知识能力	对智能复核系统优势分析准确	30 分	分析正确			
	对提高效率的要点分析准确	40 分	分析正确			
职业素养	文明礼仪	10 分	形象端庄 文明用语			
	团队协作	10 分	相互协作 互帮互助			
	工作态度	10 分	严谨认真			
成绩评定		100 分				
心得体会						

任务五 退换货作业

任务描述

线下零售“七日无理由退货”工作优秀案例：宜家

学习资料

宜家家居是全球大型家具和家居用品零售商。

为了确保服务承诺的顺利实施，宜家特别成立了专门的退货服务团队，负责处理消费者的退货请求（见图 6-30）。同时，该企业还简化了退货流程，公开承诺顾客可在 60 天内（宜家俱乐部会员可在 365 天内），凭原始购物凭证（购物小票或发票）要求退货，按照原始支付方式退款（食品、家用电器及定制类产品除外）。以上政策同等地适用于宜家线下商场、宜家官网、宜家 App（应用程序）、宜家微信小程序、宜家客服中心等所有销售渠道。

图 6-30　宜家家居“七日无理由退货”服务承诺

为了更方便顾客退货，宜家还承诺可以跨店退货。顾客如有需要，可携所购商品至就近商场办理退货，也可通过宜家 App、致电客服中心等线上渠道联系处理退货事宜。所有退换货政策在商场店内、宜家官网、宜家 App、客服中心语音提示等渠道均有公示。这一举措，不仅提高了退货效率，也为消费者提供了更加便捷的服务。

多年来，宜家一直秉承“为大众创造更美好的日常生活”的理念来贯彻执行退换货政策，退货率基本稳定在 5%左右。在“顾客喜欢宜家的理由”这一调研中，宜家的退换货政策始终居于第一或第二位，说明这一退货政策深得广大顾客青睐。

任务要求：请以项目组为单位，认真阅读案例，结合个人平时线上线下购物消费情境对宜家“七日无理由退货”的举措进行分析，完成“任务实施”中的问题。

知识链接

知识点 1：退换货作业的概念

退换货作业是指在仓库管理系统中，根据客户退货请求或企业自身需求，对退回的货物进行接收、检查、分类、处理等一系列操作的过程。退换货作业是仓储管理的重要组成部分，关系到企业库存管理、成本控制和客户满意度。

知识点 2：退换货作业产生的原因

（1）质量问题。

（2）数量、尺寸、规格不符。

（3）产品描述不准确。

（4）物流运输问题。

（5）消费者自身原因。

知识点 3：退货作业流程

（1）客户提出退货申请。

（2）审核退货申请。

（3）确认退货政策。

（4）生成退货单。

（5）商品验收。

（6）退还货款。

（7）退货跟踪与反馈。

常见退货作业流程如图 6－31 所示。

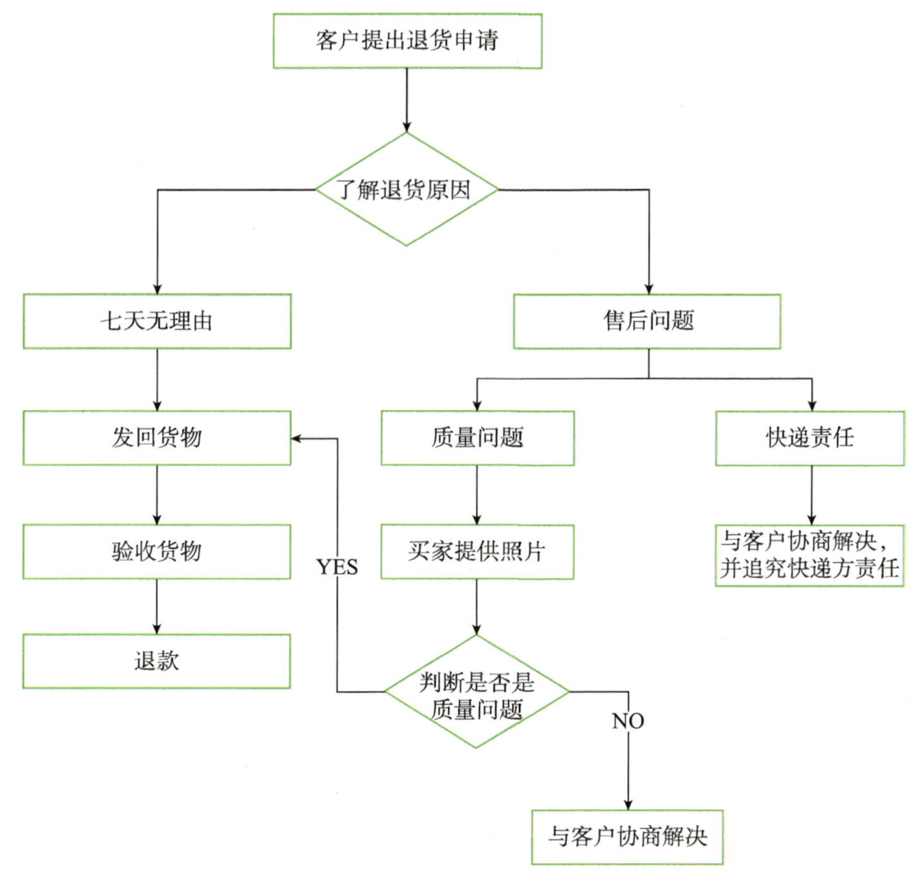

图 6－31 常见退货作业流程

任务实施

阅读案例《线下零售“七日无理由退货”工作优秀案例：宜家》，回答以下问题：

1. 宜家有哪些灵活多样的退货政策？

____

____

____

2. 宜家无理由退货服务对消费者有何影响？

____

____

____

任务评价

在完成上述任务后，教师组织进行三方评价，并对学生任务执行情况进行点评，共同完成任务评价表的填写。

表 6-9　任务评价表

<table>
<tr><td>班级</td><td></td><td>团队名称</td><td></td><td colspan="2"></td><td>学生姓名</td><td></td></tr>
<tr><td>团队成员</td><td colspan="7"></td></tr>
<tr><td colspan="2">考评项目</td><td>分值</td><td>要求</td><td colspan="2">学生自评
（30%）</td><td>团队互评
（30%）</td><td>教师评定
（40%）</td></tr>
<tr><td rowspan="2">知识能力</td><td>对退货政策的要点分析准确</td><td>30 分</td><td>分析正确</td><td colspan="2"></td><td></td><td></td></tr>
<tr><td>对退货服务的影响分析准确</td><td>40 分</td><td>分析正确</td><td colspan="2"></td><td></td><td></td></tr>
<tr><td rowspan="3">职业素养</td><td>文明礼仪</td><td>10 分</td><td>形象端庄
文明用语</td><td colspan="2"></td><td></td><td></td></tr>
<tr><td>团队协作</td><td>10 分</td><td>相互协作
互帮互助</td><td colspan="2"></td><td></td><td></td></tr>
<tr><td>工作态度</td><td>10 分</td><td>严谨认真</td><td colspan="2"></td><td></td><td></td></tr>
<tr><td colspan="2">成绩评定</td><td>100 分</td><td></td><td colspan="2"></td><td></td><td></td></tr>
<tr><td>心得体会</td><td colspan="7"></td></tr>
</table>

1. 单项选择题

（1）商品出库必须依据货主开出的（　　）进行。

A. 出库单　B. 入库单　C. 商品调拨通知单　D. 移库单

（2）送货具有“（　　）、接车排货、发货等车”的特点。

A. 预先付货　B. 预先付款　C. 货到付款　D. 提单到库

（3）（　　）是一种就地划拨的形式，商品虽未出库，但是所有权已从原存货户转移到新存货户。

A. 转移　B. 过户　C. 自提　D. 转仓

（4）智能拣选作业是指利用先进的技术和智能设备，对仓库内的货物进行高效、准确的（　　）和配送。

A. 运输　B. 拣选　C. 装卸搬运　D. 流通加工

（5）通过物流跟踪系统，实时了解商品的运输状态，及时、准确地进行拣选和配送，可以（　　）。

A. 节省人力　B. 降低客户满意度

C. 节约成本　D. 提高客户满意度

（6）退换货作业流程中，首先要（　　）。

A. 生成退货单　B. 客户提出退换货申请

C. 退还货款　D. 商品验收

2. 多项选择题

（1）出库作业形式主要有（　　）。

A. 送货　B. 自提　C. 过户　D. 取样

E. 转仓

（2）贯彻“三不”“三核”“五检查”的原则，其中“三核”，即在发货时，要（　　）。

A. 核实凭证　B. 核对账卡　C. 核对实物　D. 核对质量

（3）出库作业的流程一般分为以下六个流程，包括接单、（　　）、打包和发货。

A. 移库　B. 确认库存　C. 拣货　D. 复核

（4）拣选系统的种类非常多，按出口不同可分为（　　）。

A. 水平推出式　B. 重力跌落式

C. 在线导出式　D. 上下提高式

(5) 智能拣选作业的主要特点包括（　　）。

A. 提高拣选效率　　B. 降低错误率

C. 节省人力资源　　D. 提高客户满意度

E. 节能减排

(6) 退换货作业是指在仓库管理系统中，根据客户退货请求或企业自身需求，对退回的货物进行（　　）等一系列操作的过程。

A. 接收　　B. 检查　　C. 分类　　D. 处理

(7) 退换货作业产生的原因包括（　　）。

A. 质量问题　　B. 数量、尺寸、规格不符

C. 产品描述不准确　　D. 物流运输问题

E. 消费者自身原因

3. 判断题

(1) 商品出库可以变相动用或者外借货主的库存商品。（　　）

(2) 自提具有“提单到库，随到随发，自提自运”的特点。（　　）

(3) 货物出库要严格贯彻先进先出、后进后出、推陈储新的原则。（　　）

(4)“五检查”，即对单据和实物要进行品名检查、规格检查、包装检查、件数检查、重量检查。（　　）

(5) 拣货是指根据客户或其他部门的需求从仓库中挑选出指定的货物。（　　）

(6) 智能拣选系统基本上不受气候、时间、人的体力等因素限制。（　　）

(7) 智能拣选系统很难实现能源的合理利用，无法降低能耗，达不到节能减排的目的。（　　）

(8) 合理规划与管理分拣作业，对配送中心提高作业效率和降低作业成本具有事半功倍的效果。（　　）

(9) 退换货作业是仓储管理的重要组成部分，关系到企业库存管理、成本控制和客户满意度。（　　）

(10) 尽管商品质量没有问题，但客户对商品的款式、颜色等不满意，从而提出退换货请求是不可以的。（　　）

4. 案例分析题

AI+3D（三维）视觉助力智能分拣

案例背景：随着 SKU 的海量化和订单的碎片化，快递、电商行业内对中转物流自动化和智能化的需求日益迫切。在大型快递中转场，如何实现自动化分拣以及提高分拣效率已成为行业的核心问题，而 AI 视觉结合机器人技术具有高效率、高精度、高柔性等优点，给高速发展的智慧物流行业带来了全新的“视野”。

传统快递行业现状一是快递种类繁杂多样，快递包裹包装不规范，来料堆叠，导致纯 2D（二维）视觉和普通深度学习算法无法做到包裹的准确识别与姿态的精准定位；二是传统视觉识别准确率低，常规快递以信封、纸箱、泡沫箱、软包为主，部分快递包裹存在反

光、纹理不清晰、鼓包等特殊情况，传统视觉识别效果不佳，成功率较低；三是抓取稳定性不高，在机器人抓取快递包裹时，可能会带动其他包裹，导致包裹从滑槽中滚落，进而影响视觉识别效果，使机器人无法精准抓取，甚至会撞倒其他包裹；四是传统方式的自动化成本高，快递行业对资产投资回报率要求极高，大部分解决方案无法满足成本要求。

面向智慧物流行业的快递包裹无序分拣场景，视比特机器人推出基于 AI+3D 视觉的快递包裹分拣机器人，依托行业领先的 3D 视觉及深度学习智能算法，可精准识别和抓取多品类、任意堆叠、无序来料的包裹。此外，产品融合包裹缓存及异形件剔除机构可有效解决包裹掉落影响视觉识别及抓取的问题，并保障包裹分拣不被干扰，确保产品持续、稳定、高效运行，综合分拣效率超过人工分拣，助力物流行业智能化升级。

针对快速供包海量 SKU 识别问题，本产品依托 3D 视觉与 AI 技术，采用高逼真虚拟数据生成、对比学习、目标检测与分割等多种算法，可对目标的几何边缘、曲面平面、纹理等重要特征信息进行学习，实现不同种类供包的精准识别与定位，并在处理反光、纹理不清晰、鼓包等包裹方面具备强悍的适应能力，并且用户在实际场景中能够保障产品的高效、快捷部署。针对高速分拣下存在的碰撞、甩包等异常问题，产品自研的机器人控制算法融合包裹尺寸、形状、堆叠情况、抓手尺寸等信息，可实时规划机器人运动轨迹，自动躲避障碍物，避免抓取过程中发生异常情况。

请分析下列问题：

1. 通过上述案例分析传统快递行业现状。

2. 结合案例分析视比特机器人推出基于 AI+3D 视觉的快递包裹分拣机器人有哪些优势？

项目七
配送作业

学习目标

◎知识目标

（1）理解智慧配送的基本概念、原理及其在现代物流体系中的作用。

（2）掌握配货作业的基本流程、方法以及配货过程中的注意事项。

（3）熟悉车辆配载的原则、技巧以及优化方法，了解不同货物的配载特点。

（4）了解送货作业计划与调度的基础知识。

※能力目标

（1）能够运用所学知识进行智慧配送流程的设计和优化，提高配送效率。

（2）能够独立进行配货作业，包括货物分类、数量核对、配货单制作等。

（3）具备车辆配载能力，能够根据货物特性、车辆类型等因素进行合理配载。

（4）能够制订送货作业计划并进行有效调度，确保送货任务的顺利完成。

❖思政目标

（1）培养学生的团队协作精神和创新意识，通过配送作业的实践提升学生解决问题的能力。

（2）强化学生的责任意识和服务意识，确保在配送过程中保证货物安全、准时送达。

（3）引导学生关注物流行业的可持续发展，思考如何通过技术创新和流程优化降低物流成本、减少环境污染。

（4）培养学生的职业道德和诚信意识，在配送作业中遵循行业规范，做到公平公正。

知识图谱

配送作业
智慧配送
智慧配送的概念
智慧配送流程
智慧配送操作步骤
智慧配送异常处理
配货作业
配货作业的概念
配货作业的主要步骤
配货作业的特点
配货作业的注意事项
配货作业的异常处理
车辆配载
车辆配载的概念
车辆配载的原则
车辆配载的注意事项
车辆配载异常处理
配送作业计划与调度
配送作业计划与调度的概念
配送作业计划与调度的考虑因素
配送作业计划与调度的基本步骤

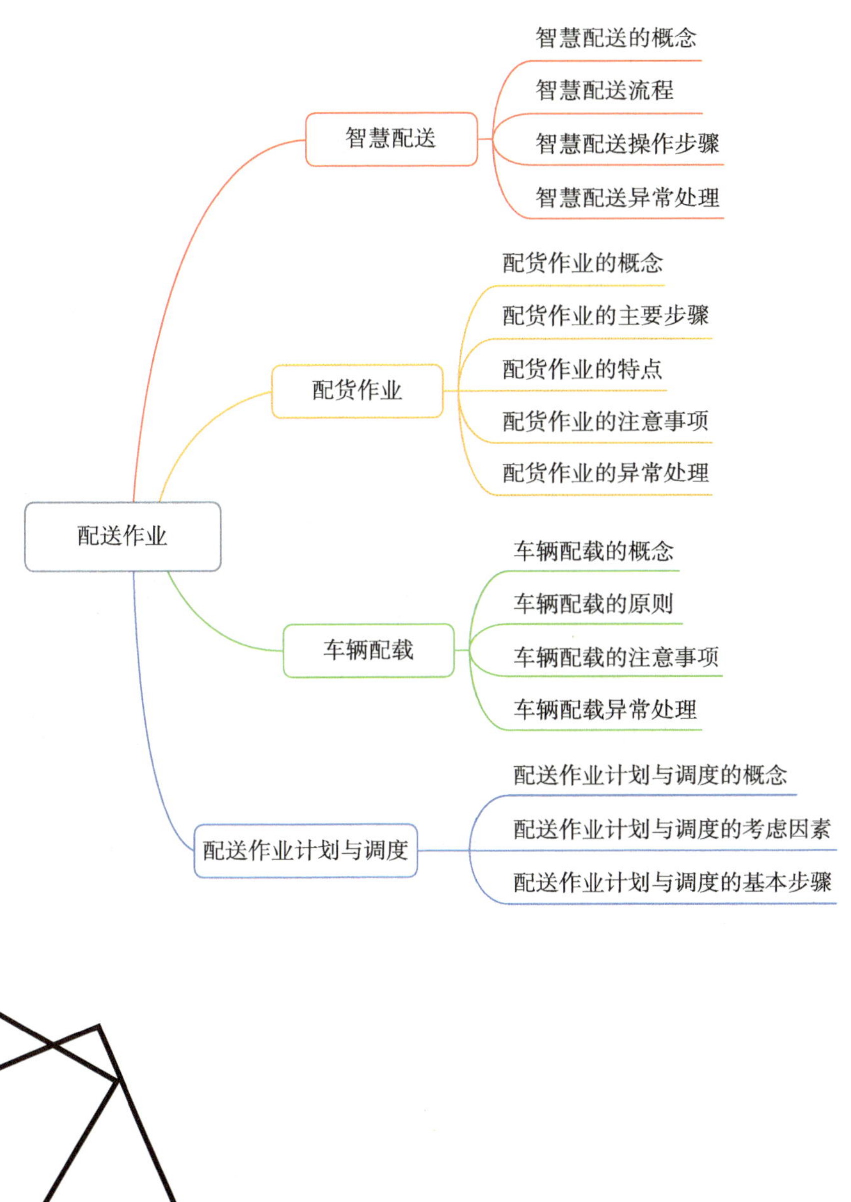

岗位分析

岗位1：智慧配送流程设计师

岗位职责：负责智慧配送流程的整体规划和设计，确保合理高效；分析配送流程问题，提出优化建议；制定配送策略，满足客户需求；与相关部门协调合作，确保智慧配送流程顺利运行。

典型工作任务：收集和分析配送数据；设计合理的配送路线和计划；实现配送流程的自动化和智能化；监控和分析配送过程，及时处理异常情况。

职业素质：责任意识、抗压能力、团队合作、沟通协调、创新改进。

职业能力：掌握物流配送的基本原理和相关政策法规，熟练使用相关软件和工具进行智慧配送流程的整体规划和设计。

可持续发展能力：持续学习能力、技术创新能力、融合设计能力、战略规划能力。

岗位2：智能调度员

岗位职责：负责实时监控和分析配送数据；制订合理的调度计划；协调沟通，及时处理异常，确保配送任务顺畅完成。

典型工作任务：合理分配的配送任务，实时监控配送进度，及时处理异常，提出改进建议，协作解决配送难题。

职业素质：责任意识、敬业精神、团队合作、沟通协调、冷静果断。

职业能力：熟练使用智能调度系统，完成调度工作；制定合理的调度策略，利用数据优化调度方案。

可持续发展能力：持续学习能力、技术创新能力。

岗位3：RFID技术应用专员

岗位职责：负责 RFID 系统的规划、设计、实施与维护；推动系统的优化升级；为客户提供技术咨询和支持。

典型工作任务：设计 RFID 系统的实施方案，编写相关技术文档；负责 RFID 硬件设备的选型、配置、调试、维护与保养；监控运行状态，及时处理异常。

职业素质：责任意识、敬业精神、团队合作、沟通协调、持续学习、创新意识。

职业能力：熟练使用与 RFID 相关的软硬件工具，独立处理 RFID 系统技术难题。

可持续发展能力：持续学习能力、技术创新能力、交流培训能力。

岗位4：数据分析师

岗位职责：负责收集、整理、分析与配送作业相关的数据，为配送策略、流程优化和决策制定提供数据支持。

典型工作任务： 收集配送作业相关数据，对数据进行清洗、整理和分析，提取有价值的信息；编制配送作业数据报告，辅助决策；监控异常，提出改进措施。

职业素质： 责任意识、敬业精神、数据敏感、严谨细致、逻辑思维、团队合作、沟通协调。

职业能力： 熟练掌握数据分析工具和方法，具备较强的数据处理和可视化能力，能够呈现清晰直观的数据分析报告。

可持续发展能力： 持续学习能力、技术创新能力、交流培训能力。

岗位5：技术支持与维护人员

岗位职责： 负责配送作业相关系统、设备和网络的稳定运行，定期维护和优化。

典型工作任务： 对配送作业相关的系统、设备和网络进行日常监控和维护，定期升级和优化，及时处理异常；参与制定配送作业技术标准和操作规范。

职业素质： 责任意识、敬业精神、团队合作、沟通协调、耐性细致。

职业能力： 熟练掌握配送作业相关系统、设备和网络的基本知识和操作技能；能够独立完成系统配置、故障排查等工作。

可持续发展能力： 持续学习能力、技术创新能力、探索实践能力。

项目导读

2023年公布的《快递市场管理办法》对快递行业的末端投递服务规范进行了明确：“经营快递业务的企业未经用户同意，不得代为确认收到快件，不得擅自将快件投递到智能快件箱、快递服务站等快递末端服务设施”，甚至情节严重的，处1万元以上3万元以下的罚款。

寄一件快递的费用并不高，而快递小哥的收入主要依赖派件的数量，多劳多得。除此之外，快递公司还有庞大的运营管理成本，由此算来，让快递进站、进柜，无论是从效率角度考虑，还是从效益角度考虑，都要比逐一上门派送时间成本更低、效率更高，快递柜和快递站点，也着实为无法当面签收的消费者提供了便利。但这并不意味着，快递员可以“默认”将末端服务设施和送货上门等同起来。从2011年到2021年，快递业务量增长了26.2倍，而快递员只增长了不到5倍。快递行业的“最后一公里”配送问题一直以来属于行业性难题。

任务一 智慧配送

任务描述

中储智运打造智慧配送平台

学习资料

中储智运是国内知名智能物流企业。中储智运基于其在供应链基础设施以及技术上的大力投入，在“智能生态供应链”的理论指导下，携手社会各界共建全球智能供应链基础网络，打造了一套平时服务、灾时应急的智能供应链体系。利用供应链产业平台优势，集中破解“最后一公里”配送难题，建立起了以智能配送车和配送无人机为硬件基础的智能配送解决方案。

作为国内将自动驾驶应用到物流实际场景中的企业之一，中储智运早在2020年便开始加大智能配送车的研发力度，到现在已更新到第三代智能配送车。中储智运的第三代智能配送车最大可载重300kg，续航150km。集成了高精度定位、融合感知、行为预测、仿真、智能网联等十大核心技术，能够实现L4级别自动驾驶，提供物流运输的“最后一公里”基础运力服务。

任务要求：请以项目组为单位，认真阅读案例，分别从平台优势、核心技术和运测试迭代等几个方面对中储智运打造智慧配送平台进行分析，完成“任务实施”中的问题。

知识链接

知识点1：智慧配送的概念

智慧配送流程是利用现代信息技术和智能化设备，对传统的配送流程进行优化和升级，以提高配送效率和客户满意度。在智慧配送流程中，通常会利用物联网、大数据、人工智能等技术手段，实现订单处理、配送路径规划、实时追踪等环节的自动化和智能化，以提高配送效率和客户满意度。同时，智慧配送也需要关注安全性和可靠性，确保商品在运输过程中不受损坏，保障客户的利益。

智慧仓配示意如图7-1所示。

知识点2：智慧配送流程

（1）需求分析与预测：通过对历史数据和市场趋势的分析，预测配送需求，为配送计划的制订提供依据。

（2）配送计划制订：根据预测需求、库存情况和配送能力，制订合理的配送计划，包括配送时间、路线、车辆和人员等。

（3）订单处理与拣选：接收并处理客户订单，根据订单信息进行商品拣选和打包，确保商品数量、质量和规格符合客户要求。

（4）智慧配载与调度：利用智能算法对车辆进行配载和调度，确保车辆满载率、行驶路线和时间等实现最优化。

（5）配送执行与跟踪：按照配送计划执行配送任务，通过 GPS（全球定位系统）、物联网等技术实时跟踪配送进度，确保准时送达。

图 7 - 1　智慧仓配示意

（6）客户反馈与处理：收集客户反馈意见，及时处理配送过程中出现的问题，提升客户满意度。配送中心基本作业流程如图 7 - 2 所示。

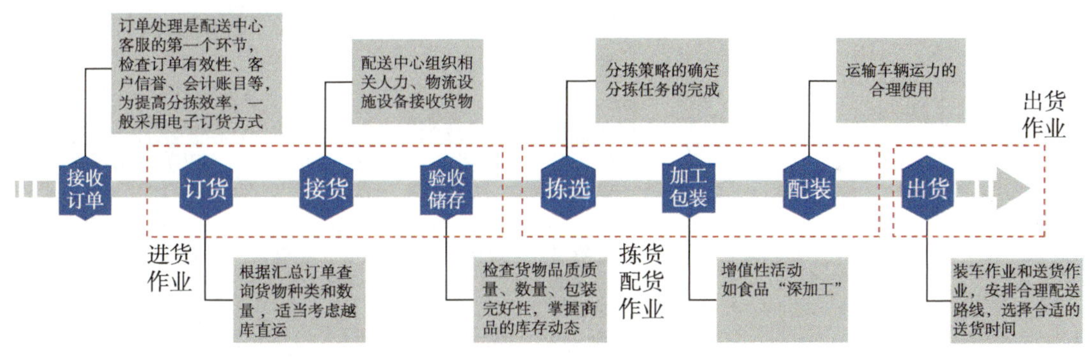

图 7 - 2　配送中心基本作业流程

知识点 3：智慧配送操作步骤

（1）订单接收：系统接收并处理来自客户的订单信息，包括配送地址、配送时间、商品详情等。

（2）订单分配：系统根据订单信息、配送员的位置和状态、配送中心的库存等因素，智能地分配订单给合适的配送员。

（3）配送员接单：配送员通过移动应用或终端设备接收并确认订单，了解订单详情和配送要求。

（4）拣货与出库：配送员根据订单信息在配送中心拣选商品，并进行出库操作，确保商品数量、质量等符合要求。

（5）配送运输：配送员按照最优路线将商品送至客户指定地址，可以实时追踪配送状态和位置。

（6）配送完成：客户接收商品并确认收货，配送员完成配送任务并返回配送中心或继续执行下一个任务。

例如，南京和大食品有限公司配送工作流程及规范如图 7－3 所示。

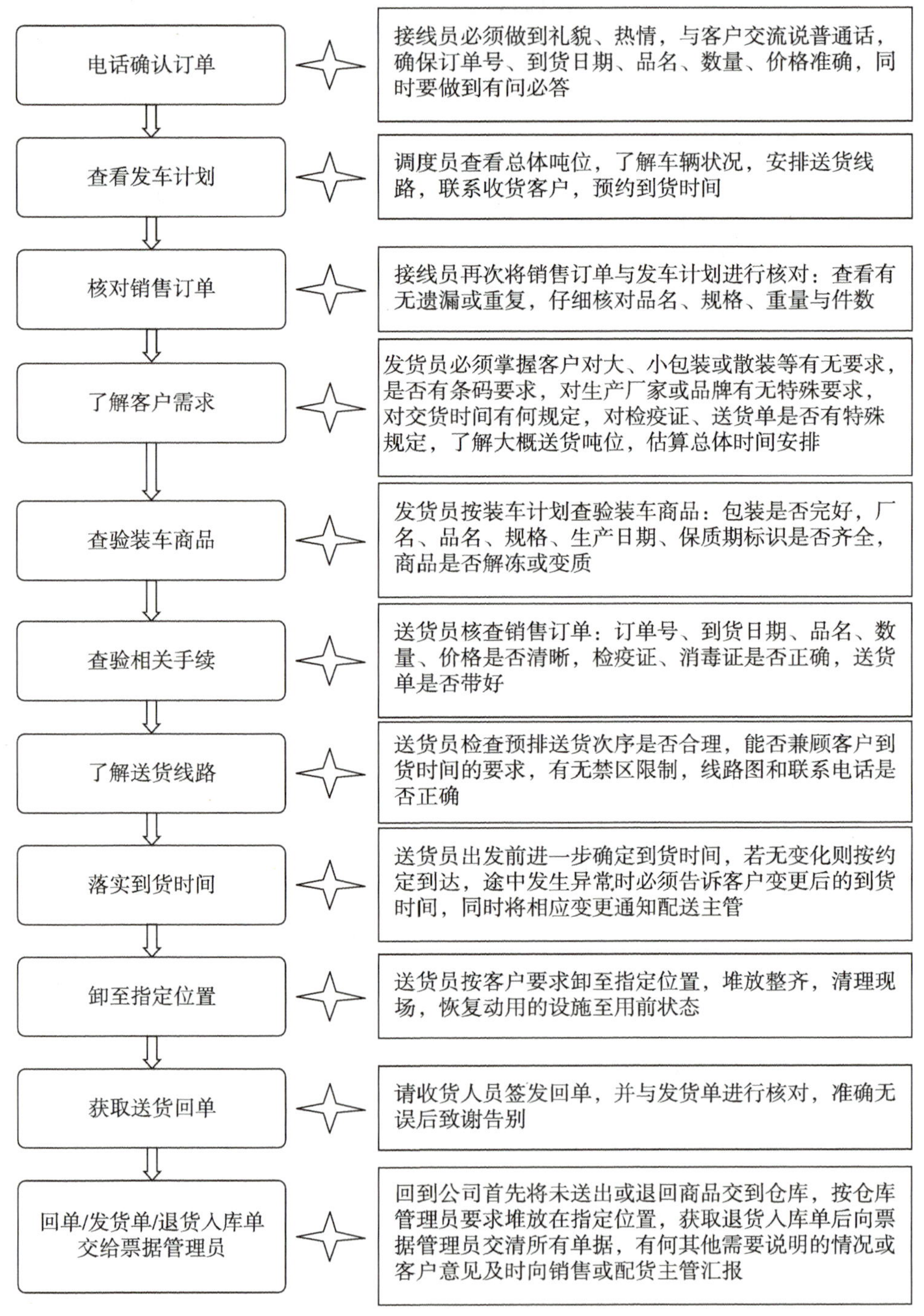

图 7－3　南京和大食品有限公司配送规则流程及规范

知识点 4：智慧配送异常处理

智慧配送异常处理通常是指在智慧配送过程中遇到问题时进行的一系列应对措施。以下是一个常见的智慧配送异常处理流程。

（1）异常检测：系统通过实时监控配送过程，自动检测异常情况，如配送延误、商品损坏、配送员异常等。

（2）异常识别：系统对检测到的异常情况进行识别，确定异常类型和原因，如交通拥堵、天气影响、配送员失误等。

（3）异常处理：根据异常类型和原因，系统采取相应的处理措施。

（4）异常通知：系统及时将异常情况通知相关方，如客户、配送员和管理人员，确保各方了解异常情况和处理进展。

（5）跟踪与反馈：系统对异常处理过程进行跟踪，确保处理措施的有效性，并及时收集反馈意见，改进异常处理流程，提高配送服务的质量和效率。

智慧仓配异常循环处理如图 7－4 所示。

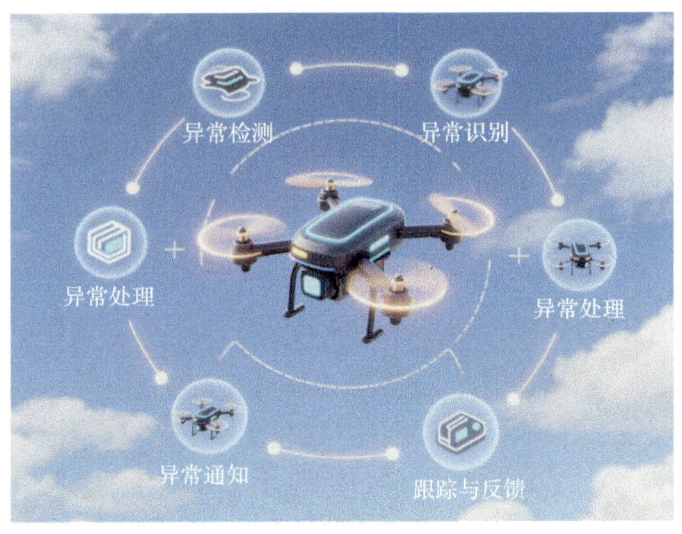

图 7－4　智慧仓配异常循环处理

任务实施

阅读案例《中储智运打造智慧配送平台》，回答以下问题：

1. 中储智运如何利用其供应链产业平台优势解决“最后一公里”配送难题？

____

____

____

2. 中储智运的第三代智能配送车集成了哪些核心技术？

3. 中储智运在智能物流领域的主要优势是什么？

4. 中储智运的智能配送车和无人机在实际应用中可能面临哪些挑战？

任务评价

在完成上述任务后，教师组织进行三方评价，并对学生任务执行情况进行点评，共同完成任务评价表的填写。

表 7－1　　任务评价表

班级		团队名称			学生姓名	
团队成员						
考评项目		分值	要求	学生自评（30%）	团队互评（30%）	教师评定（40%）
知识能力	对解决办法分析准确	20 分	分析正确			
	对核心技术分析准确	20 分	分析正确			
	对主要优势分析准确	15 分	分析合理			
	对面临的挑战分析准确	15 分	分析合理			
职业素养	文明礼仪	10 分	形象端庄 文明用语			
	团队协作	10 分	相互协作 互帮互助			
	工作态度	10 分	严谨认真			
成绩评定		100 分				
心得体会						

任务二 配货作业

中储智运打造智慧云仓配新生态

学习资料

中储智运打造智慧云仓配，用赋能的心态提高数字化能力，链接协同供应链通路各参与方，以“城市配送中心”为载体，结合“统仓共配”运作模式，打造快消品“短链模式”，为保障民生消费升级直供提供了高效的“短链”通道，助力民生消费品产业“供应链数字化”变革。中储智运智慧云仓配通过对供应链环节进行数字化升级，将分散在不同网点的货物集中存储于协同仓中，实现统仓管理，由中储智运智慧云仓配直接配送终端售点，减少流通环节和搬运次数，提升订单履约时效，实现“短链”升级。

在仓储方面，智慧云仓配运用“数字化+仓库”模式进行仓库管理，公司研发千隼系统，由 WMS（仓储管理系统）、OMS（订单管理系统）、TMS（运输管理系统）、BMS（计费结算系统）共同构成，建立了一个高效的信息管理系统，进行统一仓储。

在配送方面，中储智运智慧云仓配应用 SaaS（软件运营服务）整合社会运力和配送末端，实现统一配送。内部千隼系统和 SaaS 相结合，实现货主、仓库、门店、社会运力等互联互通。

任务要求：请以项目组为单位，认真阅读案例，分别从仓储和配送两个方面对中储智运打造智慧云仓配新生态进行分析，完成“任务实施”中的问题。

知识链接

知识点 1：配货作业的概念

配货作业是指根据订单信息，从仓库中拣选出客户所需的商品，并进行打包、贴标等处理，为后续的配送作业做好准备。配货作业是智慧配送流程中的重要环节之一，它涉及将拣选分类完成的货品进行配货检查、装入容器和做好标识，再运到发货准备区等待装车发送等过程。

知识点 2：配货作业的主要步骤

（1）订单审核：对接收到的订单进行审核，确认订单信息的准确性和完整性。

（2）拣选分类：根据订单信息，从仓库中拣选出所需商品，并按照不同的订单进行分类。

（3）商品打包：将拣选出的商品进行打包处理，确保商品在运输过程中不受损坏。

（4）配货检查：对拣选出的商品进行数量和质量检查，确保符合订单要求，并进行配货组合，按照发货对象进行分类。

（5）贴标与记录：在打包好的商品上贴上相应的标签，如订单号、客户信息等，并记录配货作业的详细情况，以便后续查询和追踪。

（6）运到发货准备区：将配好的商品运送到发货准备区，等待装车发送。

分拣作业原理如图 7－5 所示。

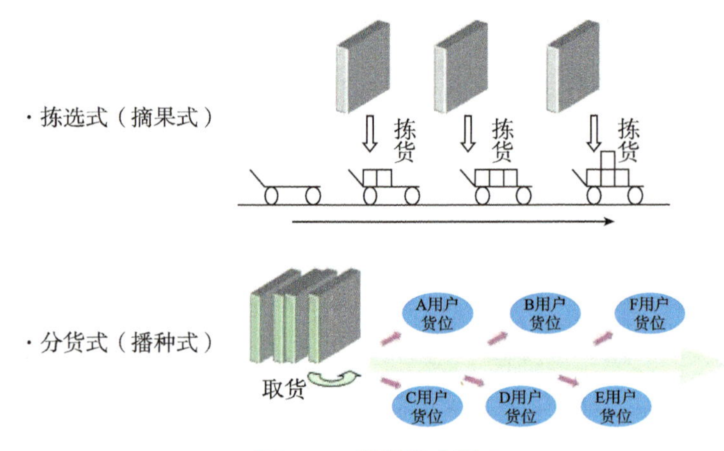

图 7－5　分拣作业原理

知识点 3：配货作业的特点

（1）准确性要求高：配货作业必须确保每个订单的商品种类、数量、规格等信息准确无误，以满足客户的需求。

（2）时间紧迫：配货作业通常需要在短时间内完成，以满足客户的配送时间要求。因此，需要高效的拣选、分类、配货和装车流程。

（3）复杂度高：配货作业涉及多个环节和多个商品，需要考虑商品的特性、存储位置、订单数量等多个因素，因此复杂度较高。

知识点 4：配货作业的注意事项

（1）了解货物特性：在开始配货之前，需要了解货物的特性，如重量、体积、易碎性、易腐性等，以便采取相应的措施，如使用适当的包装材料、避免过度堆叠等。

（2）做好货物保护：对于易碎或易损的货物，需要采取相应的保护措施，如使用气垫膜、木板、泡沫等，以避免货物在运输过程中受到损坏。

（3）合理摆放货物：货物应该按照重量和体积大小合理摆放，避免倾斜或者移动。同时，要确保货物的稳定性和安全性，以避免在运输过程中发生意外。

（4）注意货车载重：货车有载重限制，司机需要确保货物不超过最大载重限制，以避免造成安全隐患。

云仓配系统示意如图 7－6 所示。

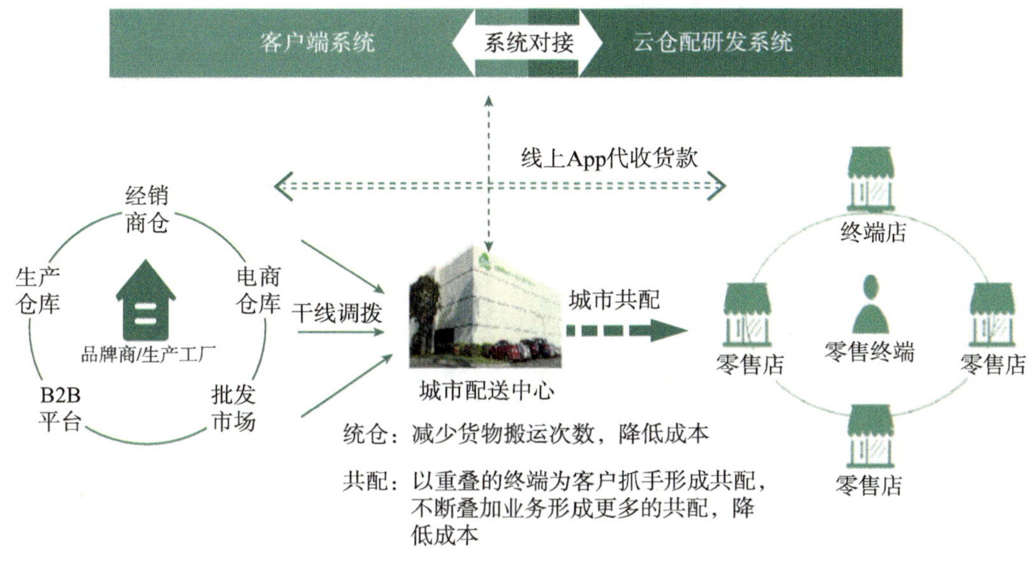

图 7－6 云仓配系统示意

知识点 5：配货作业的异常处理

（1）订单错误处理：当发现订单信息有误时，如商品数量、规格、型号等不符合要求，配货人员应立即停止配货，并与订单员或客户进行确认和沟通，以便及时更正订单信息。

（2）货物损坏处理：在配货过程中发现货物损坏时，配货人员应立即停止配货，并将损坏的货物进行隔离和标记。

（3）缺货处理：当某个商品缺货时，配货人员需要及时与仓库管理员或供应商沟通，了解缺货的原因和到货时间。根据客户需求和紧急程度，可以采取替代商品、延迟发货或取消订单等处理措施。

（4）配货时间延误处理：当配货时间出现延误时，配货人员需要及时通知物流部或客户，说明延误的原因和预计的发货时间。

典型“统仓共配”模式如图 7－7 所示。

配货作业异常处理的注意事项如下。

（1）及时发现异常情况：配货人员需要密切关注配货过程，及时发现异常情况，以便采取相应的处理措施。

（2）沟通协作：配货作业涉及多个部门和人员，需要相互沟通和协作，共同应对异常情况。

（3）记录和分析：对于每次异常情况，需要详细记录并进行分析，以便找出原因和制定改进措施，避免类似情况再次发生。

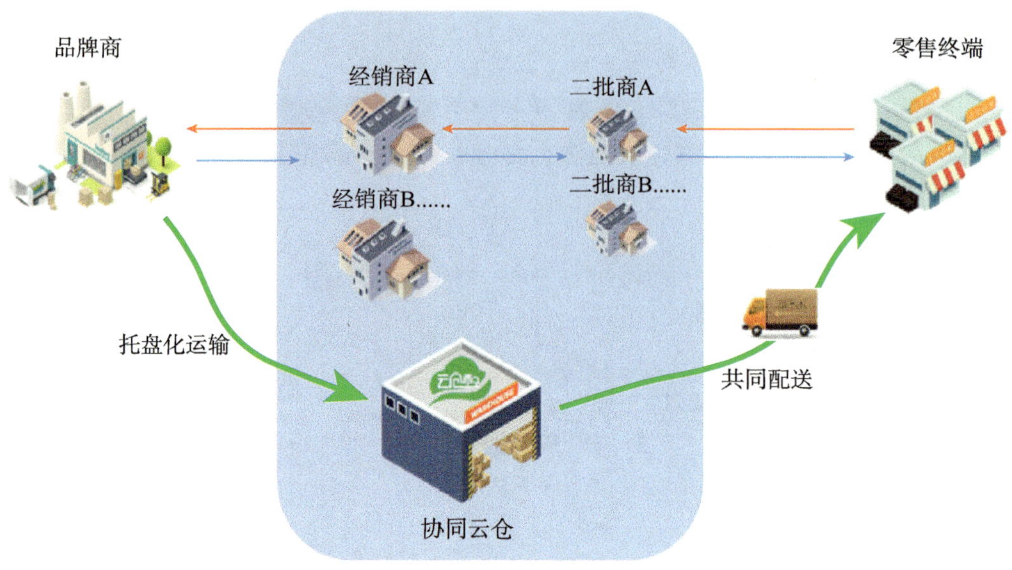

图7-7 典型“统仓共配”模式

总之，配货作业异常处理需要快速、准确和灵活，以确保配货作业的顺利进行和客户的满意度。

任务实施

阅读案例《中储智运打造智慧云仓配新生态》，回答以下问题：

1. 中储智运智慧云仓配如何通过“数字化+仓库”模式提升仓储管理效率？

2. 中储智运智慧云仓配如何利用SaaS整合社会运力，实现统一配送？

3. 中储智运的千隼系统如何实现货主、仓库、门店和社会运力的互联互通？

4. 中储智运智慧云仓配的“统仓共配”模式如何帮助客户降低成本并提升物流效率？

____

____

____

任务评价

在完成上述任务后，教师组织进行三方评价，并对学生任务执行情况进行点评，共同完成任务评价表的填写。

表 7－2 任务评价表

班级		团队名称		学生姓名	
团队成员					
考评项目		分值	要求	学生自评（30%）	团队互评（30%）	教师评定（40%）
知识能力	对仓储管理效率提升分析准确	20 分	分析正确			
	对 SaaS 作用分析准确	20 分	分析正确			
	对千隼系统分析准确	15 分	分析合理			
	对“统仓共配”模式分析准确	15 分	分析合理			
职业素养	文明礼仪	10 分	形象端庄 文明用语			
	团队协作	10 分	相互协作 互帮互助			
	工作态度	10 分	严谨认真			
成绩评定		100 分				
心得体会						

任务三 车辆配载

任务描述

中储智运首推智能调度配载，提升物流车辆配载效率

学习资料

伴随着物流行业的快速发展，物流企业的运单量逐年增加。如何精准调配运力，使得每辆车达到更优配载，实现更多的收益，成为当前众多物流企业需要解决的问题。

为此，中储智运智能调度首次推出配载功能，在保障货物运送率的同时，帮助公司提高车辆配送装载效率，进而降低物流成本。智能调度配载功能可以通过API（应用程序编程接口）接口，轻松对接开发者的内部系统；与此同时，配载功能还提供前端二维、三维配载界面，可立体呈现装箱配载效果，方便操作人员查看及操作。操作人员也可在使用时结合路线规划功能，实现用更少的车辆运送更多的货物，同时规划更短的路程，进而提升物流运输装载率和路线可用率，使调度结果更精确、更高效。利用自研的 AI 算法在分钟级时间内运算出满足各项业务需求的最佳运输方案，并综合考虑车型、时间窗、终端要求、限行、成本、多温区等多项约束配置，包含成本、时间、里程、均衡、聚集等多种优化目标选择，生成更优的运输调度方案。

任务要求：请以项目组为单位，认真阅读案例，分别从配载现状、研发升级和核心技术特点等方面对中储智运智能调度配载系统进行分析，完成“任务实施”中问题。

知识链接

知识点 1：车辆配载的概念

车辆配载是指根据货物的属性、数量、目的地等要素，合理地将货物分配到不同的运输工具（车辆）上的过程。这个过程涉及多方面的考虑，包括货物稳定、货物分类、货物安全和体积优先等原则，以及货物的重心高度、货物紧固、车辆平衡和路况环境等因素。车辆配载示意如图 7－8 所示。

知识点 2：车辆配载的原则

（1）货物稳定原则：货物应尽可能均匀地分配在车辆的前后、左右和上下方向，以保证车辆的行驶稳定性。

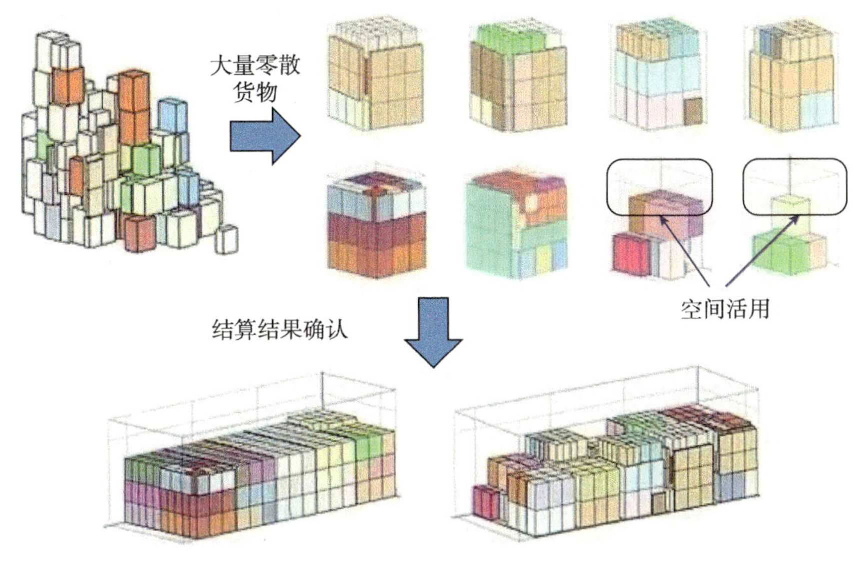

图 7-8　车辆配载示意

（2）货物分类原则：不同性质的货物应分开装载，避免互相干扰或污染。

（3）货物安全原则：货物应有必要的防护措施，保证货物的安全和完整。对于易燃、易爆、有毒有害和易腐货物应有特殊的安全措施。

（4）体积优先原则：对于体积较大而重量较轻的货物，应优先考虑体积最大的部分，因为这可能会影响到车辆的运行。

知识点 3：车辆配载的注意事项

（1）货物重心高度：合理分配货物后，应调整货物重心的高度，避免造成车辆运行过程中的不稳定性。

（2）货物紧固：确保货物在车辆上的牢固固定，以免在运输过程中发生移位和溢出事故。

（3）车辆平衡：在货物分配过程中，要注意车辆平衡，避免重心偏移造成车辆翻转。

（4）路况环境：在不同的路况环境下，需要根据实际情况进行调整，以确保车辆行驶的安全和稳定。

3D 车辆配载系统示意如图 7-9 所示。

知识点 4：车辆配载异常处理

车辆配载异常处理的措施如下。

（1）重新核实货物信息：当发现货物数量或性质与预期不符时，应重新核实货物的相关信息，如货物清单、发货单等，要确保信息的准确性。

（2）调整货物配载方案：根据异常情况，及时调整货物的配载方案，确保货物的稳定性、安全性和运输效率。

（3）采取加固措施：对于配载重心不稳或货物易滑动等情况，应采取相应的加固措施，如增加支撑、固定绳索等，确保货物在运输过程中的稳定性。

图 7－9　3D 车辆配载系统示意

（4）记录并反馈：对于每次发生的异常情况，应详细记录并反馈给相关部门，以便分析原因、总结经验教训，并采取相应的改进措施，避免类似情况再次发生。

车辆配载异常处理的注意事项如下。

（1）及时处理：一旦发现异常情况，应立即采取措施进行处理，避免延误运输时间和造成不必要的损失。

（2）确保安全：在处理异常情况时，应始终将安全放在第一位，确保人员和货物的安全。

（3）沟通协调：与相关部门保持良好的沟通协调，共同应对异常情况，确保运输过程的顺利进行。

任务实施

阅读案例《中储智运首推智能调度配载，提升物流车辆配载效率》，回答以下问题：

1. 当前物流企业在车辆配载中存在哪些问题？

____

____

____

2. 中储智运智能调度系统如何通过配载功能提升车辆装载效率？

____

____

____

3. 中储智运智能调度系统的 AI 算法如何实现更优的运输方案？

____

____

____

4. 中储智运智能调度系统的配载功能如何结合路线规划降低物流成本？

____

____

____

任务评价

在完成上述任务后，教师组织进行三方评价，并对学生任务执行情况进行点评，共同完成任务评价表的填写。

表 7-3　　任务评价表

<table>
<tr><td>班级</td><td></td><td>团队名称</td><td colspan="2"></td><td>学生姓名</td><td></td></tr>
<tr><td>团队成员</td><td colspan="6"></td></tr>
<tr><td colspan="2">考评项目</td><td>分值</td><td>要求</td><td>学生自评
（30%）</td><td>团队互评
（30%）</td><td>教师评定
（40%）</td></tr>
<tr><td rowspan="4">知识能力</td><td>对车辆配载问题分析准确</td><td>15 分</td><td>分析合理</td><td></td><td></td><td></td></tr>
<tr><td>对车辆装载效率提升分析准确</td><td>15 分</td><td>分析合理</td><td></td><td></td><td></td></tr>
<tr><td>对 AI 算法优化运输方案分析准确</td><td>20 分</td><td>分析正确</td><td></td><td></td><td></td></tr>
<tr><td>对物流成本降低要点分析准确</td><td>20 分</td><td>分析正确</td><td></td><td></td><td></td></tr>
<tr><td rowspan="3">职业素养</td><td>文明礼仪</td><td>10 分</td><td>形象端庄
文明用语</td><td></td><td></td><td></td></tr>
<tr><td>团队协作</td><td>10 分</td><td>相互协作
互帮互助</td><td></td><td></td><td></td></tr>
<tr><td>工作态度</td><td>10 分</td><td>严谨认真</td><td></td><td></td><td></td></tr>
<tr><td colspan="2">成绩评定</td><td>100 分</td><td></td><td></td><td></td><td></td></tr>
<tr><td>心得体会</td><td colspan="6"></td></tr>
</table>

任务四 配送作业计划与调度

任务描述

中储智运打造三维可视化物流调度系统

中储智运自 2010 年起，以前瞻性视野布局智慧物流领域，重点打造了具有行业标杆意义的三维可视化物流调度系统。该系统通过深度融合新一代信息技术与物流运营场景，构建了集智能调度、动态监控和决策支持于一体的数字化平台，显著提升了物流全链条的协同效率和管理水平。

学习资料

核心技术架构方面，该系统以计算机图形学为基础框架，整合了三维建模、物联网感知、大数据分析和 VR（虚拟现实）等多项前沿技术。通过高精度建模技术，系统可还原物流园区、货运车辆、装卸设备等实体要素的三维形态，并实时映射其空间位置、运行状态等。特别值得注意的是，系统采用轻量化渲染引擎，在保证视觉效果的同时实现了低延迟的数据传输，使百万级物流要素的同步呈现成为可能。

与传统二维管理系统相比，该系统的创新价值主要体现在以下三个维度：在可视化层面，通过建立三维数字孪生模型，操作人员可全景查看货物堆存状态、车辆行驶轨迹等关键信息；在交互体验上，支持手势控制、VR 设备接入等新型人机交互方式，调度人员可通过虚拟操作台直接调整设备运行参数；在数据分析方面，结合空间计算算法，可智能预测装卸作业耗时、优化运输路径规划，实际应用中调度效率提升 40%以上。

典型应用场景包括：在仓储管理环节，通过货架三维建模与库存数据联动，实现“所见即所得”的智能盘点；在运输监控方面，动态显示车辆分布热力图，辅助识别运力紧张区域；在应急调度中，利用三维仿真技术预演不同处置方案。据公开数据显示，企业应用后平均降低物流成本 15%，减少车辆空驶率 28%，每年减少碳排放约 3.6 万吨。目前系统已申请发明专利二十余项，技术成果入选交通运输部智慧物流示范项目。未来计划融合计算技术，开发 AR（增强现实）远程协作功能，进一步推动物流行业向数字化、智能化方向转型升级。

这个创新实践充分证明，三维可视化技术正在重塑物流行业的运营模式。中储智运通过持续的技术迭代，不仅解决了传统物流管理中存在的信息孤岛、响应滞后等痛点，更为行业数字化转型提供了可复制的技术方案和实施路径。

任务要求：请以项目组为单位，认真阅读案例，分别从物流调度系统的功能作业、工作原理和中储智运三维可视化物流调度系统特点等几个方面进行分析，完成“任务实施”中的问题。

知识链接

知识点 1：配送作业计划与调度的概念

配送作业计划与调度是指根据订单信息、车辆配载情况和配送路线等因素，制订合理的送货计划和调度方案，确保按时、准确地完成配送任务。无人配送调度监控系统如图 7-10 所示。

知识点 2：配送作业计划与调度的考虑因素

（1）配送时间窗口：根据客户的配送时间要求，规划合理的配送时间窗口，确保按时送达。

（2）配送路线规划：结合订单分布和交通状况等因素，规划合理的配送路线，提高配送效率。

（3）车辆调度与安排：根据车辆配载情况和配送计划，合理安排车辆的调度和安排，确保车辆按时到达指定地点。

（4）异常情况处理：对于可能出现的异常情况，如交通拥堵、天气变化等，制定相应的应对措施，确保配送任务的顺利完成。

AGV 三维可视控制调度系统运行效果如图 7-11 所示。

图 7-10　无人配送调度监控系统

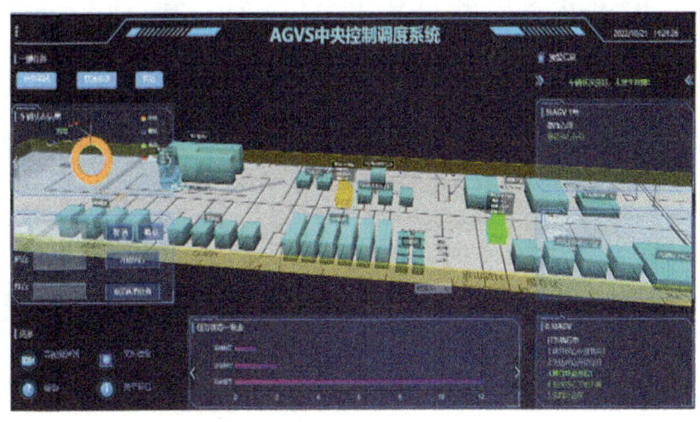

图 7-11　AGV 三维可视控制调度系统运行效果

知识点 3：配送作业计划与调度的基本步骤

配送作业计划与调度的基本步骤如表 7-4 所示。

表 7-4　配送作业计划与调度的基本步骤

序号	步骤	具体内容
1	收集订单信息	包括收集客户的配送要求、地址以及订单的数量和内容等信息
2	分析订单	收集到订单信息后，需要对订单进行详细分析，包括订单的数量、货物的类型、配送地点等，这些信息将为后续的调度和路径规划提供重要依据

续表

序号	步骤	具体内容
3	制订配送计划	根据订单分析的结果，开始制订配送计划，包括确定配送的车辆、人员、路线和时间等；在这个过程中，需要考虑各种因素，如车辆的载重、容积、燃油量以及车辆的维护状况等
4	车辆和人员调度	根据配送计划，开始调度合适的配送车辆和人员。这需要考虑车辆的载重、容积、燃油量以及车辆的维护状况等因素，同时还需要考虑配送人员的经验、技能、工作能力以及地理位置等因素
5	路径规划	在车辆和人员调度完成后，开始进行路径规划。这需要根据订单的配送地址和交通状况，制定最优的配送路线，路径规划的目标是提高配送效率，减少运输成本，同时确保货物的安全和完整性
6	执行配送	配送员按照配送计划和路线，开始配送作业。在配送过程中，需要确保货物的安全性和完整性，同时还需要与客户保持沟通，确保送货的准确性和时效性
7	监控和调整	在配送作业进行的过程中，需要实时监控车辆的位置、状态和货物的情况，如果出现问题或异常情况，需要及时调整配送计划和路线，确保配送作业的顺利进行，同时提高配送效率
8	完成配送并确认	当所有订单都成功配送并确认送达后，配送作业就算完成，配送团队可能会要求客户签收订单，并记录相关信息以确认交货完成
9	反馈和总结	配送团队会收集客户的反馈和评价，记录配送过程中的问题和改进点，这些信息可以用于优化配送流程，提高服务质量；同时，也需要对整个配送作业计划和调度过程进行总结和反思，以便在未来的工作中更好地改进和提高

不同的行业和组织可能有不同的配送作业流程和要求，具体的步骤可能因产品特性、行业要求等因素的变化而有所不同。

任务实施

阅读案例《中储智运打造三维可视化物流调度系统》，回答以下问题：

1. 中储智运的三维可视化物流调度系统相比传统二维管理系统有哪些优势？

____

____

____

2. 中储智运的三维可视化物流调度系统在实际应用中取得了哪些具体成效？

____

____

____

任务评价

在完成上述任务后，教师组织进行三方评价，并对学生任务执行情况进行点评，共同完成任务评价表的填写。

表 7-5　　任务评价表

班级		团队名称			学生姓名	
团队成员						
考评项目		分值	要求	学生自评（30%）	团队互评（30%）	教师评定（40%）
知识能力	对系统优势分析准确	30 分	分析正确			
	对具体成效分析准确	40 分	分析正确			
职业素养	文明礼仪	10 分	形象端庄 文明用语			
	团队协作	10 分	相互协作 互帮互助			
	工作态度	10 分	严谨认真			
成绩评定		100 分				
心得体会						

拓展训练

1. 单项选择题

（1）智慧配送流程中，利用智能算法对车辆进行配载和调度，以确保车辆满载率、行驶路线和时间等最优化的环节是（　　）。

A. 需求分析与预测　　B. 配送计划制订

C. 智慧配载与调度　　D. 订单处理与拣选

（2）在配货作业中，当发现货物损坏时，应采取的措施是（　　）。

A. 继续配货，忽略损坏的货物

B. 将损坏的货物隔离并标记，通知物流部或供应商

C. 自行修复损坏的货物

D. 直接丢弃损坏的货物

（3）车辆配载过程中，对于体积较大但重量较轻的货物，应优先考虑的原则是（　　）。

A. 货物稳定原则　　B. 货物分类原则

C. 货物安全原则　　D. 体积优先原则

2. 多项选择题

（1）智慧配送流程包括以下哪些环节？（　　）

A. 需求分析与预测　　B. 订单处理与拣选

C. 智慧配载与调度　　D. 客户反馈与处理

E. 产品设计与研发

（2）配货作业的特点包括以下哪些？（　　）

A. 准确性要求高　　B. 时间紧迫

C. 复杂度高　　D. 安全性要求低

E. 环保要求高

（3）车辆配载时需要遵循的原则包括以下哪些？（　　）

A. 货物稳定原则　　B. 货物分类原则

C. 货物安全原则　　D. 体积优先原则

E. 重量优先原则

3. 判断题

（1）智慧配送过程中，异常处理流程包括异常检测、异常识别、异常处理、异常通知和跟踪与反馈这五个步骤。（　　）

（2）在配货作业中，当某个商品缺货时，配货人员应立即停止配货，并通知客户取消订单。（　　）

（3）在车辆配载过程中，发现货物数量与发货单不符时，应立即调整货物配载方案，无须重新核实货物信息。（　　）

（4）在送货作业计划与调度中，配送时间窗口是根据客户的配送时间要求制定的，目的是确保按时送达货物。（　　）

（5）在送货作业计划与调度的执行过程中，一旦配送计划制订完成，就无须进行监控和调整。（　　）

4. 案例分析题

案例背景：某货物运输企业承揽了一批重 50 吨的货物，由甲地送往乙地，甲乙两地距离为 1440 千米。该货运企业车辆营运速度为 50 千米/小时，车辆每天出车时间为 12 小时。从受理货物开始，该货运企业经过 36 小时就将货物送到了乙地。

根据案例背景信息，回答下列问题：

（1）该批货的运送速度为（　　）千米/小时。

A. 30　　B. 40　　C. 50　　D. 55

（2）该企业要提高平均车日行程，应采用的方法是（　　）（多选）。

A. 提高技术速度　　B. 由单班制改为双班制

C. 提高出车时间利用系数　　D. 提高营运速度

（3）影响车辆技术速度的因素有（　　）（多选）。

A. 汽车的速度性能　　B. 驾驶员操作水平

C. 驾驶员休息时间　　D. 道路条件

E. 市场管理

5. 技能训练题

案例背景：2024 年 9 月 6 日，上海金鸿贸易有限公司业务部李经理收到南京峰云贸易有限公司采购部的订货单，要求订购一批原材料，要求于 2024 年 9 月 9 日 9：00 送到南京峰云食品有限公司配送中心。

9 月 7 日，仓储管理员张三根据客户订单要求编制编号为 JHD090701 的拣货单。货物信息如下：

序号 01，男士长袜，货物编号 AP01，箱装，100kg/箱，要求 10 箱，批次 M090302，货物重量 1.00 吨；

序号 02，儿童长袜，货物编号 AP02，箱装，100kg/箱，要求 20 箱，批次 M090315，货物重量 2.00 吨；

序号 03，女士长袜，货物编号 AP03，箱装，100kg/箱，要求 15 箱，批次 M090311，货物重量 1.50 吨；

序号 04，女士长裙，货物编号 AP04，箱装，100kg/箱，要求 25 箱，批次 M090306，货物重量 2.50 吨。

上海金鸿贸易有限公司的货物堆放信息如下：

序号 01，男士长袜，货物编号 AP01，箱装，100kg/箱，存放于编号 A00101 的储位；

序号 02，儿童长袜，货物编号 AP02，箱装，100kg/箱，存放于编号 A00102 的储位；

序号 03，女士长袜，货物编号 AP03，箱装，100kg/箱，存放于编号 A00003 的储位；

序号 04，女士长裙，货物编号 AP04，箱装，100kg/箱，存放于编号 B00001 的储位。

请根据案例要求填制如表 7－6 所示的拣货单。

表 7－6　上海金鸿贸易有限公司拣货单

拣货单号：				拣货日期：				
制单人：				客户名称：				
序号	货物名称	批次	货物重量	储位	应拣	实拣	单位	备注
01			1.00 吨				箱	
02			2.00 吨				箱	
03			1.50 吨				箱	
04			2.50 吨				箱	

参考文献

[1] 覃波，黄成菊．智慧仓配运营［M］. 北京：机械工业出版社，2024.

[2] 黄晓娟，薄斌，蒯晓蕾．仓储与配送实务［M］. 北京：中国轻工业出版社，2024.

[3] 李如姣．智慧仓配运营［M］. 北京：化学工业出版社，2024.

[4] 韦妙花．仓储与配送实务［M］. 2 版．北京：电子工业出版社，2023.

[5] 陈雄寅．智慧物流与供应链基础［M］. 北京：电子工业出版社，2023.

[6] 郭妍，杨高英，李墨溪．智慧仓配运营管理［M］. 北京：化学工业出版社，2023.

[7] 周亦鹏．智慧物流：仓储与配送中的智能算法［M］. 北京：北京邮电大学出版社，2023.

[8] 黄丽霞，韦光茂．智能仓储与配送［M］. 北京：电子工业出版社，2023.

[9] 阮喜珍，刘晶璟．智慧仓储配送运营［M］. 武汉：华中科技大学出版社，2023.

[10] 刘贵生，赵丽．智能仓储与配送［M］. 北京：机械工业出版社，2023.

[11] 代湘荣，周志刚，叶红梅．仓储与配送作业管理［M］. 北京：中国人民大学出版社，2022.

[12] 范珍，管亚风．智能仓储与配送［M］. 北京：电子工业出版社，2021.

[13] 孙家庆，孙倩雯．仓储与配送管理［M］. 2 版．北京：中国人民大学出版社，2021.

[14] 何庆斌．仓储与配送管理［M］. 2 版．上海：复旦大学出版社有限公司，2021.

[15] 叶伟媛．仓储与配送管理［M］. 2 版．大连：东北财经大学出版社，2021.

[16] 孙宏英．仓储与配送管理：理论、实务、案例、实训［M］. 3 版．大连：东北财经大学出版社，2021.

[17] 张荣，张帆．仓储与配送管理［M］. 北京：电子工业出版社，2020.

[18] 刘常宝．现代仓储与配送管理：基于仓配一体化［M］. 北京：机械工业出版社，2020.

[19] 李永生，刘卫华．仓储与配送管理［M］. 4 版．北京：机械工业出版社，2019.

[20] 贾春玉，刘富成，钟耀广．仓储与配送管理［M］. 2 版. 北京：机械工业出版社，2023.

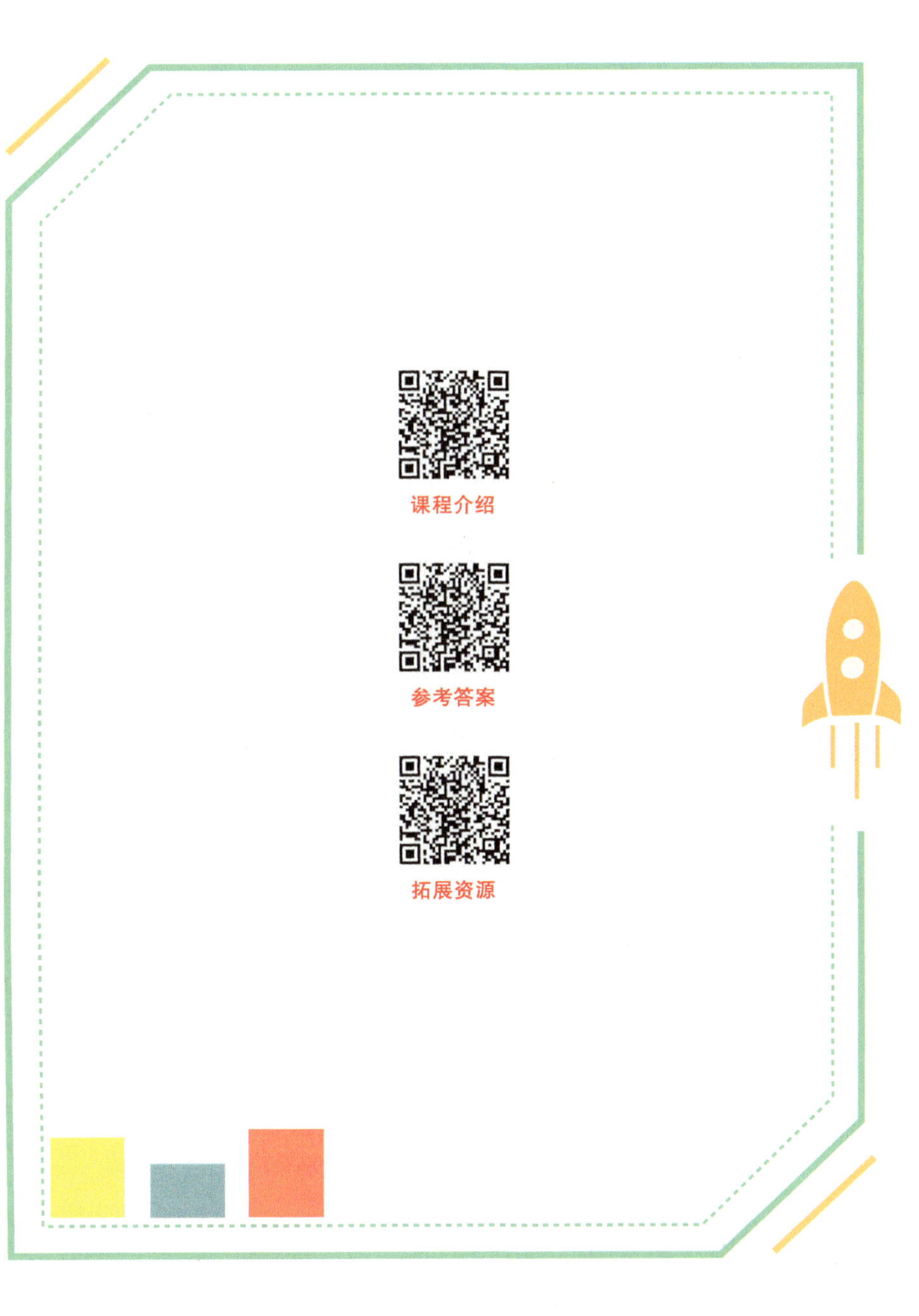
课程介绍
参考答案
拓展资源